THORSTEN BADER

LOGBUCH ZUM GLÜCK

Nimm Kurs auf deine Ziele

Für Nicole

ERSTAUFLAGE

KONZEPT
Thorsten Bader & Susanna Pinnow

BUCHDESIGN/SATZ
raeubertoechter.com & Agnes Berreth

ILLUSTRATIONEN
Agnes Berreth

DRUCK & BINDUNG
Kösel GmbH & Co. KG
Altusried-Krugzell

VERLAG
AF Media GmbH

ISBN 978-3-9818061-4-4

THORSTEN BADER

ÜBER DEN AUTOR

Liebe Leserin, lieber Leser,

mein Name ist Thorsten. Wir treten eine spannende und lebensverändernde Reise an. Das verlangt Vertrauen und Nähe, deshalb werden wir uns duzen.

Geboren wurde ich 1969. Heute lebe ich mit meiner Familie, einer tollen Ehefrau, die meine Traumfrau ist, drei Söhnen und einem Hamster, in der Nähe von Düsseldorf. Beruflich bin ich im kaufmännischen Bereich tätig, und ich arbeite wirklich gerne – wenn auch manchmal ein wenig zu viel. Das passiert, wenn der Erfolg eingetreten ist. Man möchte ihn nicht mehr bremsen.

Ich bin ein aufgeschlossener Mensch, der seine Mitmenschen gerne zum Lachen bringt. Ich bin kein „fanatischer" Esoteriker, sondern meine Methode basiert auf wissenschaftlichen Erkenntnissen. Trotzdem öffne ich meinen Geist gegenüber sämtlichen Glaubensrichtungen, sofern diese nicht ins Extreme gehen oder anderen Lebewesen schaden. Kurz gesagt: Ich bin ein normaler Familienvater, der mit einer positiven Einstellung durchs Leben geht.

Ich wünsche Dir viel Spaß beim Lesen des Buchs!

046
062
076
086
108
122
130
154

INHALTE

„Und als sie das Ziel aus den Augen verloren hatten, verdoppelten sie ihre Anstrengungen."

— MARK TWAIN

THORSTEN BADER

LOGBUCH ZUM GLÜCK

Vorwort

Dieses Buch stammt aus der Feder eines Mannes, der nicht länger von den Winden des Schicksals und von der Erfüllung seiner Wünsche abgehalten wird. Mein Name ist Thorsten Bader und ich werde Dir mein Geheimnis verraten.

Wir treiben auf dem Ozean der Möglichkeiten. Doch reicht Dir das? Willst Du treiben? Ich zeige Dir, wie man die Karte zur Wunscherfüllung liest und die Segel so spannt, dass der Wind Dich an dein Ziel trägt. Als Vater von drei Söhnen und glücklicher Ehemann wollte ich dem Schicksal nicht länger erlauben das Ruder zu führen. Also habe ich es ihm abgenommen.

Wenn Du dieses Buch liest, wirst Du das auch tun und das Glück auf Deine Seite bringen. Sei bereit für Deinen Erfolgskurs!

DIESES BUCH IST EIN WERKZEUG ...

mit dem Du Deine Wünsche verwirklichst und Deine Ziele schneller erreichst.

mit dem Du auf Dauer eine positive Einstellung zum Leben behältst.

mit dem Du Spaß hast und auch den Menschen in Deinem Leben – Deiner Familie, Deinen Freunden, Deinen Kollegen – dabei helfen kannst, ihre Wünsche und Ziele zu erreichen.

THORSTEN

LOGBUCH ZUM GLÜCK

LEINEN LOS

Einleitung

Wie Du mit meiner Motivation Fahrt aufnimmst

*„Viele sind hart-
näckig in Bezug
auf den einmal
eingeschlagenen
Weg, wenige
in Bezug auf
das Ziel."*

— FRIEDRICH NIETZSCHE

Ich bin ein ganz normaler Mensch, der mit einer positiven Einstellung durchs Leben geht. Da ich mich allem gegenüber aufgeschlossen zeige, passiert es mir, dass Menschen an mich herantreten – mit ihren Ideen, Problemen, Wünschen und auch Ratschlägen. Über die Jahre wurden mir viele Bücher, Internetseiten oder Vorträge empfohlen. „Lies das mal!“, „Hör dir das mal an!“. Da ich – wie gesagt – ein offener Mensch bin, habe ich das eine oder andere Buch gekauft und mir Vorträge angehört über „positives Denken“, „die Kraft der Gedanken“, „die Kraft der Anziehung“ und mich auch mit „Management-Technologien“ beschäftigt, die dabei helfen, Ziele schneller zu erreichen.

×

Manchmal wurde ausgeführt, wie man reich wird, oder es gab Tipps zu Finanzen. Ich ernähre eine fünfköpfige Familie, und da war es schon interessant zu erfahren, wie man mehr Geld verdienen und Ziele effizienter erreichen kann. Es gab Zeiten, in denen ich mir die Frage stellte: Warum haben andere so viel Glück, Erfolg und finanzielle Unabhängigkeit – und ich nicht? Ich habe zu meiner Frau gesagt: „Schnecke, warum haben wir nicht so viel Glück und Erfolg? Wir tun nichts Kriminelles, behandeln andere mit Respekt und

WAS IST GLÜCK?

Wie wird man auf Dauer glücklich?

Warum gibt es Menschen, die erfolgreicher sind als andere?

Wie kann man seine Wünsche verwirklichen und seine Ziele schneller erreichen?

Was haben Energie und die Kraft der Gedanken damit zu tun?

sind fleißig." („Schnecke" nenne ich meine Traumfrau liebevoll, weil sie manchmal etwas langsam ist; vor allem wenn es darum geht irgendwo hin aufzubrechen.)

Meine Lektüre zahlreicher Ratgeber und der Besuch unzähliger Vorträge zu dem Thema „Wie man mit geistiger und mechanischer Energie schneller seine Ziele erreichen kann" haben zu folgender Einsicht geführt: Die meisten Autoren haben diesselbe Idee und geben sie lediglich aus ihrer Perspektive wieder. Jeder packt persönliche Erfahrungen hinzu oder lässt einzelne Aspekte weg. Außerdem versuchen sie alle, eine allgemeingültige Anleitung zu formulieren, wie man glücklich und erfolgreich wird. Es scheint ähnlich zu sein wie mit den verschiedenen Religionen. Alle reden mehr oder weniger vom Gleichen und geben Empfehlungen, wie man selig wird, nur dass sie dabei unterschiedliche Worte und Bilder verwenden. Das Problem an der Sache ist, dass das, was geschrieben wird, teilweise falsch gelebt oder interpretiert wird. Keiner der Autoren, deren Werken ich gelesen habe, hat etwas „erfunden". Auch ich tue das in diesem Buch nicht. Aber alle haben etwas beobachtet, persönliche Erfahrungen gesammelt und diese aus ihrer Perspektive niedergeschrieben. Entsprechend vielfältig präsentierten sich die Bücher. Unter den Büchern der Anderen gab es welche, die mir zu spirituell oder zu technisch waren. Dadurch erschienen mir die Tipps und Anleitungen zu kompliziert oder so irreal, dass ich nicht wusste, wie ich sie umsetzen sollte. Ein allzu kritischer Mensch würde vielleicht sagen, das liegt daran, dass es schlechte Autoren sind oder dass die ganze Sache nur Spinnerei ist. Dem kann ich nicht zustimmen. Überzeuge dich selbst, indem du einen Blick in die Bücher anderer Autoren wirfst. Doch wenn du auf der Suche nach einer konkreten Anleitung bist, hältst du das richtige Buch bereits in der Hand. Unabhängig davon, ob manche vielleicht nicht so hilfreich waren, haben ALLE eines gemeinsam: Jeder dieser Autoren versucht, den Leserinnen und Lesern eine Anleitung für ein glücklicheres Leben zu geben, indem sie ihre Wünsche verwirklichen und ihre Ziele schneller erreichen. Daher kann man guten Gewissens sagen: Wenn jede Autorin und jeder Autor, der über dieses Thema geschrieben hat, jeweils nur ein paar Menschen geholfen hat, ein glücklicheres Leben zu führen, so ist jedes einzelne Buch sehr wertvoll.

Man sagt, es gibt zwei Sorten von Menschen: „Kopf-Menschen" und „Bauch-Menschen". Ersterer trifft seine Entscheidungen primär analytisch, nach logischen Gesichtspunkten, während der „Bauch-Mensch" auf seine Gefühle und innere Stimme hört. Ich gehöre tendenziell eher zu den „Kopf-Menschen", höre mir erst alles an, denke es für mich durch, bilde mir meine Meinung und treffe anschließend meine Entscheidungen. So ist dieses Buch entstanden. Dein Vorteil ist, dass Du die Perlen in den anderen Büchern nicht mühsam suchen und zusammentragen musst. Ich habe das für Dich getan und dieses Buch ist die Schatzkarte, in der ich dir den Weg zu diesen Perlen aufgezeichnet habe.

Der grundlegende Baustein für sämtliches Leben und Materie ist Energie. Mit geistiger und mechanischer Energie kann man ALLES erreichen. Die Frage ist nur: Wie kann man seine Ziele SCHNELLER erreichen? Geistige Energie entsteht durch Gedanken. Die Energie wird ins physikalische Universum gesendet und bewirkt etwas. Dieser Vorgang wird von den vielen Autorinnen und Autoren ganz unterschiedlich benannt. Es gibt Bezeichnungen wie „Bestellungen", „Orders", „Postulate", „Aufträge", „Wünsche", „Gebete" und viele mehr, die hierfür verwendet werden. Auch ich habe lange darüber nachgedacht, wie man den Vorgang „geistige Energie ins Universum versenden" benennen könnte. Da ich mich nicht entscheiden konnte, habe ich eine Umfrage in meinem direkten und weiteren Umfeld gestartet. Das Ergebnis: „Bestellung" drückt am besten aus, dass es ein bewusster geistiger Prozess ist, der dich ans Ziel führt. Er beinhaltet deinen Willen und die Gewissheit das zu erhalten, was du dir wünscht. Deshalb benutze ich diesen Begriff und erkenne die Leistung meiner Vorgänger dadurch an. In den folgenden Kapiteln werde ich Dir beschreiben, wie einfach es ist, seine Ziele und Wünsche durch den Einsatz geistiger Energie schneller zu erreichen, und warum es funktioniert.

Mit diesem Leitfaden und den vielen Tipps wirst Du Deine Ziele in Zukunft schneller erreichen und ein glücklicherer Mensch werden.

LASS UNS GEMEINSAM ZU NEUEN UFERN AUFBRECHEN!

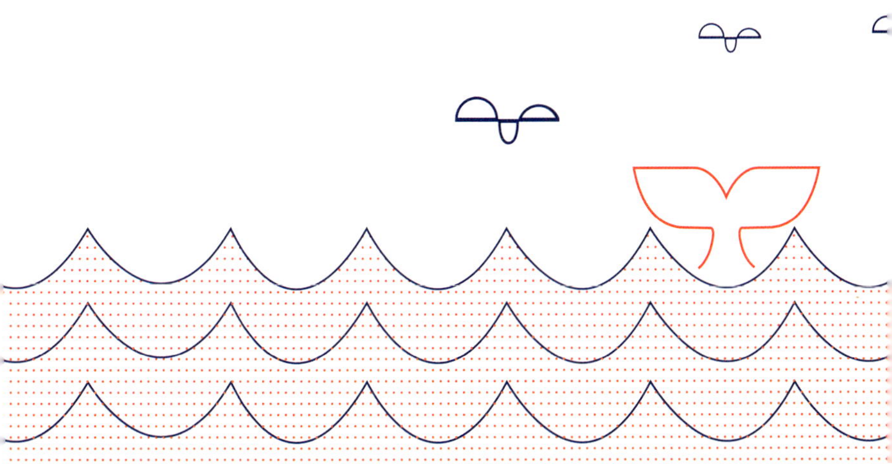

LOGBUCH ZUM GLÜCK

MACH DICH STARTKLAR

Kapitel 01

Aufgeschlossenheit ist der erste Schritt in Richtung Erfolg

01

„Leben ist wie Segeln: man kann Wetter & Wasser nicht ändern, aber man kann immer das Beste daraus machen.“

— AUTOR UNBEKANNT

Um das Meiste aus diesem Buch herauszuholen, machen wir Folgendes: Versuche die Anleitungen ohne Vorurteile umzusetzen. Sei offen, wie ein Seemann, der die Weltmeere voller Neugier für andere Kulturen und Länder bereist. Wenn Du nach der Umsetzung eines Tipps der Meinung bist, er funktioniere nicht oder sei Quatsch, ist es okay und Du wendest ihn nicht mehr an oder änderst ihn für Deine Belange ab.

Früher trieb die Parkplatzsuche meinen Blutdruck in den roten Bereich. Wenn ich in die Stadt gefahren bin, nervte mich schon beim Losfahren der Gedanke, dass ich wieder keinen Parkplatz bekommen oder mir einen Strafzettel einfangen würde. Die Befürchtungen wurden stets wahr, und wegen der vielen Strafzettel hatte ich immer wieder Ärger mit meiner Frau. Eines Tages unterhielt ich mich mit meinem Bekannten Markus über die Parkplatzproblematik in Düsseldorf. Er sagte, dass er keine Probleme hätte, einen Parkplatz zu bekommen, worauf ich ihn ungläubig anschaute. Er erklärte mir, dass es eine Einstellungssache sei und er beim Losfahren denke: „Ich bekomme ohne Probleme einen Parkplatz." Er hat mich aufgefordert, es auszuprobieren. Damals dachte ich : „Jaja, der Glaube versetzt Berge, hätte gar nicht gedacht, dass der Markus ein Esoteriker ist." Im Grunde wusste ich nicht, was Esoterik wirklich bedeutet, und habe Esoteriker mit Träumern gleichgesetzt, die barfuß durch die Welt laufen und glauben, man könne von Luft und Liebe leben. Außerdem habe ich gedacht, diese Menschen betrachteten alles Materielle als Gift für die Seele. Kurz gesagt, ich war der Ansicht, Esoteriker kämen mit der realen Welt nicht zurecht und versuchten sich alles schönzureden. Diese Meinung ha sich grundlegend geändert, nachdem ich in einem Wörterbuch den Begriff Esoterik nachgeschlagen und vor allem nachdem ich tolle Menschen, die sich mit Esoterik und spirituellen Dingen beschäftigen, kennengelernt hatte.
Aber damals hörte ich zuerst nicht auf Markus, sammelte weiterhin munter Strafzettel und ärgerte mich immer wieder aufs Neue. Eines

Tages, als ich wieder vergeblich einen Parkplatz suchte, erinnerte ich mich an Markus' Worte. Da ich frustriert war und sowieso nichts zu verlieren hatte, versuchte ich mir einen Parkplatz zu bestellen. Ich habe verschiedene Formulierungen ausprobiert, z. B.: „Wenn ich jetzt um die Ecke fahre, bekomme ich einen Parkplatz“ oder „Ich wünsche mir einen Parkplatz direkt vor dem Haus“ oder „Wenn ich gleich komme, wird in dem Moment ein Parkplatz frei“. Es dauerte drei Runden um den Häuserblock und dann bekam ich tatsächlich einen Parkplatz. In diesem Moment hat es in meinem Kopf Klick gemacht und ich änderte meine Grundeinstellung zur Parkplatzsuche. Es klappte nicht immer, aber immer öfter. Die Methodik, einen Parkplatz zu bekommen, habe ich mittlerweile verfeinert, wie Du in einem späteren Kapitel erfahren wirst. Eines kann ich Dir aber schon verraten: Es klappt inzwischen in 99 Prozent aller Fälle. Diese Erfahrung habe ich gemacht, bevor ich irgendein Buch über positives Denken oder die Kraft der Gedanken gelesen hatte.

Nun zu einigen grundsätzlichen Dingen und zu den Voraussetzungen, um das Optimum aus diesem Buch herauszuholen. Das Wichtigste beim Einstieg ist, dass Du offen dafür bist, etwas Neues dazuzulernen. Du musst auf die Chance vertrauen, dass diese Anleitung Dir hilft deine Wünsche zu verwirklichen. Hierbei ist der Glaube daran, dass es funktioniert, sehr wichtig. Sei einfach offen für die Möglichkeit, dass es funktioniert! Es geht um nichts anderes als die positive Grundeinstellung. Zu meinen Kindern sage ich immer, dass das bereits die halbe Miete ist. Sportler bekräftigen nach dem Gewinn eines Turniers, dass der Sieg im Kopf entsteht. Wenn ein Sportler vor einem Wettkampf nicht daran glaubt, dass er gewinnen kann, die Möglichkeit des Sieges nicht lebendig vor sich sieht, wird er auch nicht gewinnen. Das Gleiche gilt, wenn Du versuchst Dein Kind zum Klavierspielen zu motivieren, es aber keine Lust hat. Der Überzeugungsversuch wird nicht von Erfolg gekrönt werden, weil Dein Kind keine Bereitschaft zeigt oder nicht wirklich offen dafür ist, das Klavierspielen zu erlernen. Selbst wenn Du ihm die Vorzüge erklärst, es mit Anreizen motivierst oder es mit Druck versuchst, es wird nicht funktionieren. Dein Kind würde maximal ein mäßiger Klavierspieler werden. Natürlich muss man Kinder bei bestimmten Dingen führen, manchmal auch mit sanftem Druck, damit sie etwas beginnen, worauf sie keine Lust haben. Oftmals ist es so, dass das Kind Spaß und Motivation entwickelt und selbstbestimmt weitermacht. Aber letztlich steht die Selbstbestimmung über allem, und wenn man für etwas Neues nicht bereit ist, dann wird es auch keinen Erfolg bringen. Wenn Du also negativ eingestellt oder zu skeptisch bist, ob Du Deine Ziele durch dieses Buch schneller erreichen kannst, dann erlaube Dir einen Vertrauenvorschuss. Ich verspreche Dir, dass Du, wenn Du positiv an die Lektüre herangehst, am Ende des Buchs sagen wirst: „Ja, ich kann meine Wünsche verwirklichen und meine Ziele schneller erreichen." Halten wir also fest: Um Deinem Glück auf die Sprünge zu helfen, musst Du daran glauben, dass es wirklich funktioniert. Auch wenn in anderen Büchern steht, dass Du nicht das ganze Buch lesen müsstest, um den Inhalt anwenden zu können, rate ich von Stückwerk ab. Nur wenn Du das vollständige Buch gelesen hast, wirst Du optimale Ergebnisse erzielen. Ich habe darauf geachtet, dass das Buch nicht langweilig ist und man es bequem und schnell lesen kann. Ich bin sogar davon überzeugt, dass Dich dieses Buch so begeistern wird, dass Du es mehr als einmal lesen wirst.

Dieses Buch ist eine Anleitung zum Glücklichwerden, um Ziele und Wünsche schneller, ohne großen Kraftaufwand zu erreichen. Es ist ein Werkzeug, damit Du mit dem neu gewonnenen Wissen alles erreichen kannst. Das bedeutet, dass Du das Buch lesen und das Wissen anwenden musst, um einen Nutzen aus dem Buch zu ziehen. Das Lesen allein ist der erste Schritt. Es ist die Praxisanwendung, die den durchschlagenden Erfolg bringt. Ich weiß das nur zu gut. Wie oft war ich bei Vorträgen und bin danach hochmotiviert darangegangen, das Erlernte

> *„WENN DU MERKST, DASS DU DEINE ZIELE NICHT ERREICHEN KANNST, DANN PASSE NICHT DIE ZIELE AN, PASSE DIE MASSNAHMEN AN.“*

KONFUZIUS

umzusetzen. Am ersten Tag hat es super funktioniert, weil ich vom Redner aufgepeitscht war. Die Woche darauf war ich schon weniger motiviert. Spätestens nach einem Monat war fast alles wieder beim Alten.

Auch Du hast sicherlich das eine oder andere Buch zu Erfolg oder positivem Denken gelesen. Warum hast Du das Wissen nicht auf Dauer zu 100 Prozent angewendet? Ich kann es Dir sagen, weil es mir in vielen Dingen genauso ging: Es ist unsere Komfortzone, die uns zurückhält. Wir Menschen sind Gewohnheitstiere. Daher sind wir unsicher, wenn es um neue oder unbekannte Dinge geht. Wenn man etwas jedoch über einen längeren Zeitraum gemacht hat und damit vertraut wird, geht es in die Gewohnheit über. Durch unseren Alltag sind wir in einem bestimmten Rhythmus; und oft fällt es schwer, Neues in unseren bestehenden Alltagsrhythmus zu integrieren. Anfang des Jahres hatte ich einen echten Hexenschuss. Ich wusste nicht, wie ich hochkommen sollte, und hatte starke Schmerzen. Nachdem ich mehrere Schmerztabletten eingenommen hatte, war ich in der Lage, aufzustehen und zum Arzt zu gehen. Dieser spritzte mich dann wieder fit und verschrieb mir Physiotherapie. Er erklärte mir, dass ich durch meinen Bürojob eine schlechte Körperhaltung habe und dass sich im Alter die

Muskulatur zurückbilde. Daher empfehle er mir dringend, regelmäßig Sport zu treiben. Was war das Ende vom Lied? Mir ging es nach einiger Zeit wieder gut und mein alter Rhythmus war unverzüglich wieder eingetreten. Natürlich habe ich keinen Sport getrieben, weil ich ja dann aus meiner Komfortzone herausgemusst hätte. Einen Monat später hatte ich erneut starke Rückenprobleme. Es gab keinen Tag, an dem ich nicht wenigstens einmal Schmerzen hatte. Also suchte ich einen anderen Arzt auf, weil es mir zu peinlich war, zu meinem Alten zu gehen. Der neue Arzt empfahl mir ebenfalls, wie sollte es auch anders sein, mit Sport zu beginnen. Nun meldete ich mich tatsächlich in einem Fitnessstudio an. Mit mir wurde ein Plan ausgearbeitet und ich begann mit dem Training. Du glaubst gar nicht, wie oft ich meinen inneren Schweinehund überwinden musste, damit ich regelmäßig zum Sport ging. Nach etwa drei Monaten waren die Sporttermine in meinen Rhythmus und damit in meine Komfortzone integriert, und heute freue ich mich darauf. Ich hatte seitdem nie wieder Rückenprobleme und fühle mich allgemein viel besser. Meine Frau freut sich schon auf meinen Waschbrettbauch, was allerdings noch ein wenig dauern kann. Was möchte ich mit diesem Beispiel sagen? Ich habe mit dem Sport nur aus der Notwendigkeit heraus angefangen, meine Rückenprobleme in den Griff zu kriegen, und es hat einige Zeit gedauert, bis es zu meinem normalen Leben dazugehört hat. Daher ist es umso wichtiger, dass man diszipliniert und bewusst jeden Tag Bestellungen auf geistiger Ebene durchführt.

Es ist also eines unserer größten Probleme, Neues in den Alltagsrhythmus zu integrieren, so dass wir mühelos und gerne jeden Tag unsere Bestellungen aufgeben. Das war am Anfang auch für mich sehr schwer. Ich habe beim Niederschreiben gemerkt, dass ich oftmals mehrere Tage keine aktiven Bestellungen aufgegeben hatte. Also habe ich mich hingesetzt und die Situation bzw. das Problem auf ein Blatt Papier geschrieben. Anschließend habe ich mir das Problem immer wieder durchgelesen und mir die Frage gestellt, wie ich es lösen könnte. Es gab eine Menge Ideen. Aber wie es mit der kreativen Energie ist: Wenn man sich immer und immer wieder mit etwas beschäftigt, kommt der richtige Gedanke zur Lösung wie von selbst: Irgendwann machte es „Ping“ in meinem Kopf und mir kam die Idee, ein Praxis-Logbuch und eine App zu entwickeln.

Übrigens, die Methode, ein Problem aufzuschreiben, es sich dann immer wieder anzuschauen und zu überlegen, wie man es lösen kann, ist sehr gut. Durch sie kannst Du viele kleine und große Probleme auf kürzestem Weg lösen. Probiere es einfach mal aus.

Mit der App und dem Praxis-Logbuch gebe ich Dir ein Hilfsmittel an die Hand, mit dem Du Deine Bequemlichkeit ohne große Mühe überlisten kannst. Das Geniale an der App ist, dass sie Dich täglich erinnert, motiviert und Dir die kompletten Funktionen eines Logbuchs bietet. Das Logbuch und die App werden Dir helfen, auf Dauer gute Ergebnisse zu erzielen und das Bestellen bzw. Kreieren auf geistiger Ebene in Deinen Alltag zu integrieren. Wie das Logbuch genau funktioniert, erkläre ich Dir in Kapitel 8.

Es ist ein sinnvolles Werkzeug, damit Du Deine Ziele im Blick behältst, und es bestätigt Dir immer wieder mit unwiderlegbaren Beweisen, dass das Bestellen wirklich funktioniert.

Im nächsten Kapitel gehe ich auf das Problem ein, weshalb manche Wünsche nicht in Erfüllung gehen und wir viele Ziele nicht erreichen.

ALLES EINE FRAGE DER TECHNIK

Kapitel 02

Wie wichtig das richtige Handwerkszeug ist, um seine Ziele und Träume zu realisieren

02

„ES GIBT EIN ZIEL, ABER KEINEN WEG; WAS WIR WEG NENNEN, IST ZÖGERN."

FRANZ KAFKA

Alle Menschen haben Wünsche, Träume und Ziele im Leben. Kinder schreiben in der Adventszeit Wunschzettel an den Weihnachtsmann. Ich habe mir als Kind eine elektrische Autorennbahn gewünscht. Ganz heiß war ich darauf, nichts wünschte ich mir sehnlicher. Weihnachten kam – und brachte mir keine Autorennbahn. Es gab viele andere Geschenke, aber dieser große Wunsch ging nicht in Erfüllung. Ich hatte die Autorennbahn bestellt und nicht erhalten. Auch in den Jahren danach habe ich sie nicht bekommen. Woran lag es?

Als Teenager verliebte ich mich in ein tolles Mädchen. Ich betete zu Gott, dass dieses Mädchen meine Freundin wird. Obwohl ich mich um sie bemühte und alles tat, um ihre Zuneigung zu gewinnen, erreichte ich das Ziel nicht. Wir wurden super Freunde, aber mehr auch nicht. Warum ging dieser Wunsch, obwohl ich dieses Ziel so aktiv verfolgt habe, nicht in Erfüllung?

In meiner Bundeswehrzeit nahm ich mir vor, nach Ende meiner Dienstzeit drei Monate mit einem Wohnmobil quer durch die USA zu reisen – von der Ostküste zur Westküste. Ich hatte es mir vor meinem geistigen Auge ganz genau ausgemalt, hatte mir Prospekte besorgt und alles auf dieses Ziel ausgerichtet. Dennoch erreichte ich es nicht, weil mir – zum Glück – meine Frau über den Weg lief und ich mein Reiseabenteuer aus den Augen verlor. Doch warum habe ich dieses Ziel bis heute nicht umgesetzt? Warum ist dieser Wunsch – oder diese Bestellung – nicht in Erfüllung gegangen?

Als Kind habe ich öfter zu meinen Eltern gesagt, dass ich nicht arbeiten will, bis ich alt und grau bin. Ich würde mit 30 reich sein und so viel Geld besitzen, dass ich nicht mehr arbeiten bräuchte. Komisch: Auch dieser Traum ist nicht in Erfüllung gegangen. Warum?
Kommt Dir etwas davon bekannt vor? Du hast bestimmt auch unzählige Wünsche, Träume und Ziele gehabt, die Du nicht erreicht hast. Sicherlich, einige sind wahr geworden. Wir haben täglich Gedanken, verspüren Wünsche oder setzen uns kleine Ziele. Aber viele davon gehen nicht in Erfüllung. Warum?
Es gibt Menschen, die sagen: „Du musst es nur bestellen. Gib Deinen Wunsch, Traum oder Dein Ziel einfach als Bestellung an das Universum auf. Konzentriere dich darauf, nutze Dein Unterbewusstsein und die Kraft der Gedanken, und er wird in Erfüllung gehen. Visualisiere Deine Wünsche, und sie gehen in Erfüllung." Es gibt noch eine Menge anderer Vorschläge, wie man seine Wünsche, Träume und Ziele erreichen kann. Du hast bestimmt auch schon den einen oder anderen ausprobiert. Aber warum funktionieren diese Techniken nicht immer, und wo liegen die Probleme?
Ein negativ eingestellter Mensch würde entgegnen: „Ist doch klar, dass das alles nicht funktioniert. Sind doch nur geistige Spinnereien. Nur mit harter Arbeit kannst Du viel Geld verdienen und Träume verwirklichen. Und wenn doch mal eine Bestellung funktioniert, dann war es Zufall."

Hätte ich heute nicht den Erfolg auf meiner Seite, der aus vielen Jahren der Verfeinerung der beschriebenen Techniken erwachsen ist, müsste ich als Kopfmensch vielleicht zustimmen. Denn obwohl ich seit meiner Kindheit bis heute immer wieder „Bestellungen" abgesendet habe, sind im Verhältnis zur Gesamtzahl nur wenige meiner Wünsche und Träume in Erfüllung gegangen und ich habe nur wenige Ziele erreicht. Ich habe viele Ratschläge und Tipps umgesetzt, und trotzdem sind nicht alle Bestellungen in Erfüllung gegangen. Waren etwa die Annahmen, Erfahrungen und Anleitungen der Autoren falsch? Nein, alle Autoren, die zu diesem Thema etwas veröffentlicht haben, hatten mehr oder weniger recht. Die Kernaussage aller, dass es geistige Energien gibt, die etwas im Universum bewirken, stimmt zu 100 Prozent. Aber da ich es besser weiß, ist die Frage nicht ob es funktioniert, sondern: Welche Methode ist die beste, um die höchstmögliche Erfolgsquote bei Bestellungen zu erreichen? Was muss ich genau tun, um meine Wünsche effizient zu verwirklichen?

Bevor ich Dir mehr über die Voraussetzungen für erfolgreiche Bestellungen erzähle, schauen wir uns zuerst an, was man mit geistiger Energie alles erreichen kann. Im folgenden Kapitel berichte ich über Beispiele von Personen, die damit sehr viel erreicht haben.

GLÜCK AUF BESTELLUNG

Kapitel 03

Die besten Erfolgsgeschichten schreibt das Leben

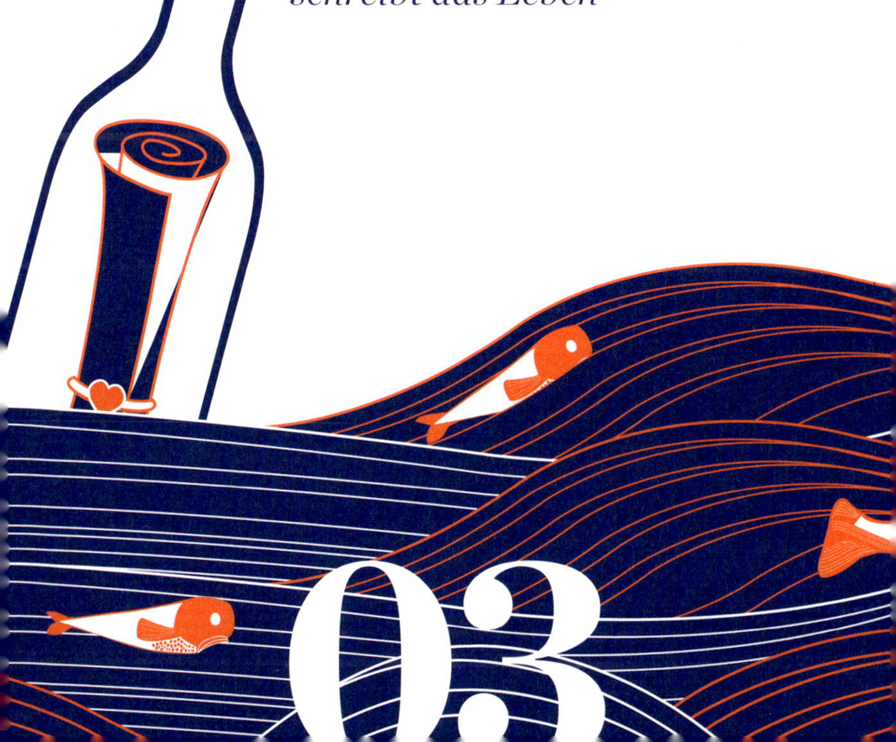

„Der Pessimist klagt über den Wind, der Optimist hofft, dass er dreht, der Realist richtet das Segel aus."

— SIR WILLIAM WARD

Dieses Kapitel widme ich einer besonderen Person. Es ist meine Schwester Sibille, die das Bestellen inzwischen extrem gut beherrscht. Außerdem war sie es, die mir den Anstoß gegeben hat, alle Segel zu setzen und Kurs auf ein glücklicheres Leben zu nehmen. Sie brachte mich dazu, mein vorhandenes Wissen tatsächlich anzuwenden, und hat mir und vielen Freunden geholfen, unsere Wünsche zu verwirklichen und unsere Ziele schneller zu erreichen. Und nun möchte ich Dir helfen, Deinen Zielen schneller näherzukommen. Das Großartige ist, dass wir uns gegenseitig helfen und dadurch alle ein besseres und glücklicheres Leben führen. Denn wenn Du anderen dieses Wissen ebenfalls zur Verfügung stellst, werden Deine persönlichen Wünsche noch schneller in Erfüllung gehen. Warum das so ist, erkläre ich in einem späteren Kapitel. Nun erst einmal zu ein paar Beispielen, wie einfach Bestellungen funktionieren, unabhängig davon, worauf sich Dein Wunsch oder Deine Bestellung bezieht.

Meine Arbeitskollegin Nina zählt zu den Personen, die offen für Neues sind. Sie hat sich mit dem Thema geistige Energie und der Technik des Bestellens beschäftigt. Ihr Mann ist ein leidenschaftlicher Playstation-Spieler, der gerne online mit anderen Menschen „daddelt“. Seine kleine Schwäche ist, dass er sich manchmal ein wenig zu viel mit seinen Spielkameraden via Internet beschäftigt und Nina bisweilen zu kurz kommt. Eines Abends, als er wieder ins Spielen vertieft war, verfasste sie die Bestellung „Ich möchte, dass Soeren sich heute mit mir beschäftigt“. Es dauerte keine 30 Minuten und Soeren kam in die Küche und fragte Nina, ob sie Lust habe, ins Kino zu gehen. Sie traute ihren Ohren nicht und fragte ihn verwirrt, ob es wirklich sein Ernst sei. Damit hatte er wiederum nicht gerechnet und war nun ebenfalls verwirrt. Sie hatten einen tollen Kinoabend. Im Anschluss gingen sie noch in eine Cocktailbar, um den Tag ausklingen zu lassen.

Nina konnte ihr Glück nicht fassen und beschloss von nun an, diese Bestellform öfter zu nutzen. Es klappt nicht immer, aber sie führen eine tolle Ehe.

Christian ist Immobilienmakler in Düsseldorf. Er bekam ein neues Objekt in die Vermarktung, das er zuerst projektieren musste. Der Plan war, das Objekt in hochwertige Eigentumswohnungen umzuwandeln und an Eigennutzer zu verkaufen. Es handelte sich um ein Mehrfamilienhaus aus dem Jahr 1910 mit Jugendstilfassade. Das Objekt befand sich in einem abgewohnten und modernisierungsbedürftigen Zustand. Eine der Aufgaben Christians bei der Projektierung bestand darin, den Mietern andere Wohnungen zu vermitteln, damit das gesamte Haus für die Modernisierung leerstand. Das Haus lag in einer ruhigen Nebenstraße, in guter Lage mit exzellenter Anbindung an die öffentlichen Verkehrsmittel. Düsseldorf ist eine große und beliebte Stadt, die wenige freie und günstige Wohnungen bietet. Die Mieter wohnten teilweise seit 15 Jahren in der Gegend und zahlten günstige Mieten. Daher war die Ausgangslage, sie von einem Umzug zu überzeugen, nicht besonders gut. Aber Christian sagt sich immer: „Ich wünsche mir meine Ziele." Als er sich die Mieterliste anschaute, um Termine für persönliche Gespräche zu vereinbaren, wünschte er sich: „Die Mieter sind alle sehr nett; es wird leicht, sie vom Auszug zu überzeugen, und es wird einfach, andere Wohnungen für sie zu finden." Er vereinbarte die ersten Termine und exakt so, wie er sich das bestellt hatte, gingen seine Wünsche in Erfüllung. Du kannst Dir sicher gut vorstellen, dass es eine wirklich große Bestellung war, die Christian abgesendet hatte. Christians Wünsche gingen noch weiter. Es gab wiederholt Stopps in der Projektierung, die Zeit der Planung zog sich immer weiter hinaus. Die Handwerker waren unzuverlässig und reichten ihre Angebote für die Kalkulation nicht ein. Der Architekt erwies sich als überlastet mit parallel laufenden Projekten und kümmerte sich entsprechend wenig um die Angebote der Handwerker. Christian versuchte, über seinen

Auftraggeber Druck aufzubauen, damit die zugewiesenen Handwerker, die von ihm bereits viele Aufträge erhalten hatten, ihre Angebote abgaben. Leider hatte der Auftraggeber andere Prioritäten und ebenfalls Stress, sodass Christian nicht vorwärtskam. Um nun das Problem zu lösen, wünschte sich Christian: „Ich wünsche mir den ersten Kunden für eine der zukünftigen Eigentumswohnungen." Er dachte sich: Wenn ich einen potenziellen Kunden habe, dann wird der Auftraggeber wach und macht Druck beim Architekten und den Handwerkern, damit der Kunde die Wohnung tatsächlich kaufen kann. Christian hatte keine Anzeige für den Verkauf in der Zeitung oder im Internet geschaltet, lediglich ein Werbeschild ans Fenster geklebt. In der Seitenstraße, in der das Haus steht, herrscht kaum Auto- und Personenverkehr. Was passierte nun? Christians Wunsch ging in Erfüllung. Ein Interessent, der zufällig mit seinem kleinen Sohn in der Straße spazieren gegangen war, fragte telefonisch nach, was die Wohnungen kosten würden und ob man sie besichtigen könne. Jetzt hatte Christian ein neues Problem. Die Wohnungen waren in kaum vorzeigbarem Zustand, zwei Wohnungen pro Etage, keine Durchbrüche, keine fertigen Pläne, keine fertige Baubeschreibung, und endgültige Verkaufspreise gab es auch nicht. Christian dachte sich jedoch: Ich habe mir den Kunden bestellt, also wird er auch mein Kunde. Er zeigte dem Interessenten die abgewohnten Wohnungen und erklärte das zukünftige Konzept. Dazu nannte er einen ungefähren Kaufpreis. Obwohl der Kunde sich auch andere Wohnungen anschaute, immer wieder von Christian hingehalten wurde und es trotzdem noch drei Monate dauerte, bis dieser endlich die Pläne, Kalkulation, Endpreise usw. vom Auftraggeber erhalten hatte, kaufte er am Ende die Wohnung. Im Nachhinein sagt der Kunde, dass er es selbst nicht verstehe, warum er keine der anderen Wohnungen gekauft hatte. Seine Berater hatten ihm zwischenzeitlich abgeraten, weil es ihnen dubios erschien, dass die Unterlagen nicht geliefert wurden. Christian freute sich natürlich und sagte zu seinen Kollegen, dass er nie Zweifel an der Erfüllung seines Wunsches gehegt habe.

„SETZE DEIN SEGEL, SOLANGE DER WIND GÜNSTIG IST.“

AUTOR UNBEKANNT

Allerdings kam er auch zur Erkenntnis, dass er seine Bestellung besser auf das eigentliche Problem hätte richten sollen. Denn dann hätte er nicht insgesamt acht Monate warten müssen, bis er die Wohnung endlich verkaufen konnte. Kinder beherrschen das Wünschen oder Bestellen besonders gut. Das liegt daran, dass sie noch sehr einfach geradeheraus denken und nicht, wie wir Erwachsene oftmals, alles unnötig verkomplizieren oder aus Erfahrungen heraus negativ denken.

Meine Frau gibt in einer Privatschule Nachhilfeunterricht. Hier gibt es die kleine Lisa, sie ist elf Jahre alt. Lisa ist ein fröhliches Mädchen und lacht gerne. Eines Tages kam sie traurig zum Unterricht. Meine Frau fragte sie, was passiert sei. Lisa erzählte, dass sich ihre Eltern gestritten hätten und Papa gesagt habe, dass er keine Lust mehr habe und sich eine neue Wohnung suche. Meine Frau tröstete Lisa und sie begannen mit dem Unterricht. Eine Woche später kam Lisa, wie früher, sehr fröhlich zum Unterricht. Meine Frau fragte, ob wieder alles in Ordnung sei und sich die Eltern vertragen hätten. Lisa antwortete, dass sie sich sogar noch mehr streiten würden als eine Woche zuvor, dass es aber nicht schlimm sei. Meine Frau hakte nach, warum es denn nicht so schlimm sei, und die Antwort von Lisa war erstaunlich. Sie erklärte, dass sie sich etwas gewünscht hatte – wie ein Geschenk: „Mama und Papa vertragen sich wieder und Papa wird nie ausziehen, weil er weiß, dass wir ihn lieb haben.“ Sie erklärte weiter, dass sie diesen Wunsch jeden Abend vor dem Schlafengehen und morgens vor dem Aufstehen wiederholte. Kurz vor ihrem Geburtstag und vor Weihnachten hätte sie es auch immer so gemacht und dann seien ihre Wünsche in Erfüllung gegangen. Mit dieser simplen Logik und ihrer Bestellung hat das kleine Mädchen das physikalische Universum geändert: Es hat funktioniert. Heute, zwei Jahre später, sind Lisas Eltern immer noch verheiratet und leben nach wie vor in einem gemeinsamen Haushalt. Ein Zweifler würde jetzt sagen, das sei Zufall und habe nichts mit der intensiven Bestellung oder Lisas Wunsch zu tun. Hierauf kann ich nur entgegnen: Es gibt keine Zufälle. Warum das Ganze sehr wohl etwas mit Lisas Willen und ihren Bestellungen zu tun hat, erkläre ich in einem der späteren Kapitel.

Joes, ein sehr netter Holländer, ist selbstständig und betreibt einen kleinen Laden. Als die Umsätze über einen längeren Zeitraum stagnierten, stellte er sich die Frage, wie er seine Fixkosten reduzieren könnte. Sein erster Gedanke war, dass er zu viel Miete bezahlt, und er dachte sich: „Ich will weniger Miete bezahlen." Das war eine bewusste Bestellung ins Universum, aber ihm waren deren Auswirkungen nicht klar. Er schaute also in die Zeitung und registrierte sich mit einer Suchanfrage bei einigen Immobilienmaklern. In der Zeitung fiel sein Blick auf ein interessantes Mietobjekt, das er besichtigen wollte. Er vereinbarte einen Termin und schaute sich das Objekt an. Es war etwas zu klein und ungünstig geschnitten und daher kam es für ihn nicht infrage. Auf dem Rückweg aber kam er an einem größeren Supermarkt mit Anbau vorbei. Er fand, dass dies eine tolle Lage wäre. Es gab dort eine Menge Parkplätze und Haltestellen öffentlicher Verkehrsmittel. Genau in diesem Moment setzte er eine neue Bestellung ins Universum, wieder ohne zu wissen, welche Auswirkungen sie noch haben würde. Doch zwei Tage später bot ihm ein Makler ein Objekt exakt neben dem besagten Supermarkt an. Seine zweite Bestellung war in Erfüllung gegangen. Leider hatte er zu ungenau bestellt: Die zu mietende Fläche war zu groß und somit für ihn zu teuer. Gleichzeitig hatte er aber seinen Laden gekündigt, weil er eine Kündigungsfrist von drei Monaten hatte. Jetzt passierte das Unglaubliche. Sein Vermieter rief ihn an und fragte, warum er gekündigt habe. Joes erklärte ihm, dass er sich die

Miete nicht mehr leisten konnte und etwas Günstigeres suchte. Der Vermieter wollte nun von ihm wissen, wie viel er sich leisten könnte, worauf Joes ihm die maximale Summe nannte. Der Vermieter willigte sofort ein, die Miete zu reduzieren. Joes war überglücklich. Er wäre nie auf die Idee gekommen, seinen Vermieter direkt zu fragen, ob er die Miete reduzieren könnte. Der Hintergrund ist folgender: Sein Vermieter gilt als extrem geizig und ist bekannt dafür, das Maximum aus allem herauszuholen. In diesem Beispiel gab es eine Kette von Bestellungen, die in Erfüllung gegangen sind. Sie waren etwas grob formuliert und daher passte nicht alles. Aber die ursprüngliche Bestellung „Ich will weniger Miete bezahlen" ist ohne große Kraftanstrengung in Erfüllung gegangen.

Monika kommt morgens schwer aus dem Bett und braucht lange im Badezimmer. Dadurch kommt sie leider öfter zu spät zur Arbeit. Sie hat deshalb bereits eine offizielle Abmahnung erhalten. Wieder einmal hatte sie frühmorgens ein wichtiges Meeting und verschlief. Sie sprang aus dem Bett und brauchte ausnahmsweise nur acht Minuten im Bad. Im Auto überlegte sie sich, was sie als Ausrede anbringen könnte, um eine plausible Begründung für ihren Chef zu haben. Ihr war klar, dass ihr etwas Überzeugendes einfallen musste; der Chef würde garantiert sauer sein, vor allem da es ein so wichtiges Meeting war. Sie spielte gedanklich verschiedene Ideen durch und sagte sich dann: „Es wäre jetzt echt super, wenn ein richtig dicker Stau kommen würde." Nicht mal einen Kilometer später stand sie plötzlich im Stau. Es war nicht irgendein Stau, es war eine Vollsperrung wegen eines Unfalls. Sofort dachte sie sich: „Hoffentlich bin ich nicht dafür verantwortlich und hoffentlich ist niemandem etwas Ernsthaftes passiert." Die Ausrede – oder in diesem Fall sogar Rechtfertigung – für ihr Zuspätkommen war allerdings perfekt. Sie rief mit gutem Gewissen ihren Chef an und teilte ihm mit, dass sie auf der Autobahn in einer Vollsperrung stehe. Später erklärte sie mir, dass dies kein Zufall gewesen sei. Sie habe diese Bestellung danach noch ein paar Mal gemacht und sei immer wieder in einen Stau gekommen. Die anderen Male gab es keine Vollsperrungen, weil sie ihre Bestellungen anders bzw. ohne großen Druck definiert hatte. Aber an dem besagten Tag, von dem hier die Rede ist, war ihre Angst vor dem Chef so groß, dass die Antwort des Universums auf ihre Bestellung entsprechend stark ausfiel. In der Regel hat Monika auf diesem Weg zur Arbeit selten einen Stau (Stillstand auf der Autobahn). Leider konnte sie ihrem Chef solche Begründungen nicht immer liefern und verlor bald ihren Arbeitsplatz. Nachdem sie aber mehr Wissen über Bestellungen ins Universum erlangt hatte, schickte sie eine grundlegend anders ausgerichtete Bestellung ab: „Ich verschlafe nie, wenn ich zur Arbeit gehen muss, und komme immer entspannt an." Diese Bestellung hat sie über drei Wochen hinweg jeden Tag abgesendet. Seitdem hat sie nie wieder verschlafen.

Friederike, eine Freundin, hatte mehrfach versucht, mit dem Rauchen aufzuhören. Leider funktionierte es nie so richtig. Sie probierte die verschiedensten Methoden aus – vom Nikotinpflaster über Gruppentherapie und Akupunktur bis hin zu Büchern zum Thema „Wie werde ich Nichtraucher?". Das Jahr neigte sich dem Ende zu und sie sagte sich: „Eigentlich möchte ich nächstes Jahr einen neuen Versuch starten, mit dem Rauchen aufzuhören." Die beste Erfahrung und die längste Abstinenzphase hatte ein bestimmtes Buch bewirkt. Also beschloss Friederike, dieses Buch noch einmal zu lesen, weil sie vielleicht etwas überlesen oder nicht verstanden hatte. Während sie das Buch las, kam ihr die Erleuchtung. Sie erkannte, dass das Aufhören nur eine Bestellung ist und dass sie immer die falsche Bestellung absendete, wenn sie sagte: „Ich versuche mit dem Rauchen aufzuhören". Der Autor des Buchs schreibt sogar: „Du musst die Einstellung einnehmen, dass du Nichtraucher oder Exraucher bist." So lautet die richtige Bestellung:

„Ich bin Nichtraucherin." Nach dieser Erkenntnis rauchte Friederike genüsslich ihre letzte Zigarette und schickte anschließend ihre Bestellung ab: „Ich bin ab sofort Nichtraucherin." Sie hat seitdem keine Zigarette mehr angefasst. Jedes Mal, wenn sie Entzugserscheinungen hatte, sagte sie sich: „Ich bin Nichtraucherin, und eine Nichtraucherin braucht keine Zigaretten." In diesem Fall wurde die Bestellung durch zwei wichtige Punkte Wirklichkeit: Zum einen hat Friederike die Bestellung gut formuliert, und zum anderen hat sie die Haltung eingenommen, als wäre sie bereits Nichtraucherin.

Steffen ist im wahrsten Sinne des Wortes ein „Frauenheld". Er hat nichts Besonderes an sich. Er sieht durchschnittlich aus, hat einen durchschnittlichen Job, besitzt nicht viel Geld, kleidet sich durchschnittlich und ist auch kein besonderer Redner oder extrem humorvoll. Er würde in einer Masse von Menschen nicht auffallen. Trotz seiner Durchschnittlichkeit hat er die hübschesten Frauen an seiner Seite. Ich habe ihn einmal gefragt, was das Geheimnis seines Erfolges sei. Er mache nichts Besonderes, sagte er, außer dass er den Gedanken im Hinterkopf habe, jede Frau zur Freundin bekommen zu können. Er sei davon so überzeugt, dass es immer funktioniere, wenn er eine Frau kennenlernen möchte. Eines Tages ging Steffen mit mir in die Düsseldorfer Altstadt und wir schlenderten durch verschiedene Kneipen. Plötzlich sagte er zu mir: „Schau dir mal die Frau da drüben an. Die hat eine nette Ausstrahlung und ein süßes Lächeln. Die Dame möchte ich kennenlernen. Wenn die nett ist, wird das meine nächste feste Beziehung." In der Tat sah die Dame sehr gut aus und hatte eine starke persönliche Ausstrahlung. Ich fragte ihn, wie er das machen wollte; ich war davon überzeugt, dass sie einen Freund hatte. Er antwortete nur kurz und knapp: „Ich weiß, dass ich jede Frau für mich gewinnen kann, und ich treffe jetzt die Entscheidung, dass sie mich auch näher kennenlernen möchte und, wenn sie sympathisch ist, meine neue

Freundin wird." Er ging zu ihr und sprach sie mit dem einfachen Spruch an: „Kennen wir uns nicht von irgendwoher? … Von wo kommst du? …" Sie unterhielten sich eine Weile, bis die hübsche Frau sich verabschiedete und mit ihren Freundinnen die Kneipe verließ. Das Ergebnis: Die beiden hatten ihre Telefonnummern ausgetauscht und wollten sich mal treffen. Steffen erzählte mir, dass Anja, so hieß sie, super nett sei und er sie nun näher kennenlernen wollte. Etwa drei Wochen später waren Anja und Steffen ein Paar. Bei einem gemütlichen Grillabend fragte ich Anja, was sie an Steffen gereizt hatte. Es hätte nichts Besonderes gegeben, meinte sie, er sei sympathisch gewesen und es hätte sich dann entwickelt. Steffen fügte hinzu, dass er es bereits wusste, als sie sich in der Kneipe kennengelernt haben. Steffen hatte einfach nur bestellt, hegte keine Zweifel, und daher war sein Energiestrahl groß genug und seine Bestellung ging in Erfüllung.

Viktoria ist alleinerziehende Mutter zweier Kinder, eine lebenslustige Frau mit einer sehr positiven Grundeinstellung. Sie arbeitete hart in einem Supermarkt, weil der Unterhalt vom Exmann nicht ausreichte, um sie und ihre Kinder zu ernähren. Eines Tages stolperte sie die Treppe hinunter, als sie einen schweren Karton trug. Sie fand keinen Halt und stürzte unglücklich auf den Rücken. Die Diagnose lautete: teilweise Schädigung des Rückenmarks. Ein harter Schicksalsschlag für die Familie. Im Krankenhaus teilten ihr die Ärzte mit, dass sie nie wieder würde laufen können. Viktoria wollte sich nicht mit ihrem Schicksal abfinden. Sie sprach mit ihrer besten Freundin über die Situation und kam bei dem Gespräch auf die Idee, zwar alle Techniken der Schulmedizin zu nutzen, darüber hinaus aber auch alternative Methoden wie z. B. Akupunktur oder esoterische Möglichkeiten. Sie hatte sich in den Kopf gesetzt, wieder laufen zu können, und diese große Bestellung aufgegeben. Nachdem die Reha-Maßnahmen ausgelaufen waren, besuchte sie verschiedene Fachärzte und probierte

Alternativen aus. In dieser Zeit las sie auch viel zum Thema „Kraft der Selbstheilung“ und war überzeugt, dass man sich neben der Schulmedizin mit eigener Energie heilen kann. Jedes Mal, wenn ihr jemand sagte, dass sie nie wieder würde laufen können, entgegnete sie, dass sie keinerlei Zweifel habe, genau das irgendwann wieder zu tun. Der Glaube und die geistige Energie, die sie in ihre Bestellung gelegt hatte, führten dazu, dass sie nach vier Jahren tatsächlich wieder auf den Beinen stand. Die Ärzte konnten diese Entwicklungsschritte nicht fassen und waren im Nachhinein der Meinung, damals eventuell eine Fehldiagnose gestellt zu haben, aber eigentlich konnten sie sich die Resultate nicht erklären. Manche Menschen würden sagen, es sei ein Wunder gewesen. Ich persönlich weiß, dass es kein Wunder war, sondern der Glaube und die eigene Energie einen wesentlichen Teil zum Ergebnis beigetragen haben. Viktoria hatte nie Zweifel an ihrem Glauben und ihrer Bestellung. Daher konnte die positive Energie fließen.

Damit es keine Missverständnisse gibt: Ich behaupte nicht, dass man sämtliche Krankheiten allein mit der Kraft der Gedanken heilen kann. Viel mehr ist es ist die Mischung aus mechanischer und geistiger Energie, die solche sogenannten Wunder geschehen lässt. Viktoria genießt mit ihren Kindern inzwischen jeden Tag, vor allem, wenn sie mit ihnen spazieren geht. Sie kann zwar nicht an sportlichen Wettkämpfen teilnehmen, aber sie braucht keine fremde Hilfe, um sich zu bewegen.

Es sind die Lebenseinstellung und die positiven Gedanken, die den einen Menschen schneller gesund werden lassen und andere langsamer, trotz gleicher Krankheit. Hans-Joachim bietet ein sehr gutes Beispiel. Wenn er krank ist, auch wenn es sich nur um eine einfache Grippe handelt, steigert er sich hinein und klagt, wie schrecklich alles ist. Er bestellt es sich im Grunde immer wieder aufs Neue, indem er sich einredet, wie schlimm doch sein aktueller Zustand ist. Du bekommst genau das, was Du Dir bestellst. Wenn Hans-Joachim immer wieder ins Universum sendet, er sei sehr krank, dann sollte er sich auch nicht darüber wundern, dass sein Genesungsprozess in der Regel wesentlich länger dauert als bei anderen.

Björn ist ein begeisterter Fußballfan, und seine Mannschaft feiert Erfolge. Er besitzt eine Dauerkarte und verpasst kein Spiel. Nun hat es seine Mannschaft in die Champions League geschafft. Bei der Auslosung bekam sie einen Spitzenverein zum Gegner. Er sagte sofort, dass er bei diesem Spiel dabei sein und Karten dafür bekommen wollte. Er versuchte alles, um Karten zu ergattern. Bei der Verlosung hatte er kein Glück, bei den Ticketbörsen wurde eine Karte für 400 bis 700 Euro gehandelt. Das war für ein Spiel zu teuer, Björn wollte maximal 150 Euro pro Karte ausgeben. Sein Bauchgefühl sagte ihm, dass er live bei dem Spiel dabei sein werde, und das erzählte er auch allen Freunden. Er wurde nur belächelt, weil jeder weiß, wie schwer es ist, an solche Karten heranzukommen. Die Auslosung fand knapp drei Monate vor dem Spiel statt. Die Zeit lief davon und Björn kam einfach nicht an die Karten. Er selbst bekam auch Zweifel und begann sich mit seinem Schicksal abzufinden. Einen Tag vor dem Spiel jedoch bekam er von seinem besten Freund, dem er in der Vergangenheit oft geholfen hatte, einen Anruf mit der Nachricht, dieser habe über fünf Ecken und gute Beziehungen zwei Karten in der ersten Reihe erhalten, 20 Meter von der Trainerbank entfernt. Er wollte Björn diese Karten schenken, aufgrund ihrer langjährigen Freundschaft. Björn wollte die ganze Welt umarmen und genoss einen tollen Fußballabend. Für ihn war das die Bestätigung, dass Bestellungen funktionieren, wenn man fest an sie glaubt. Er empfiehlt nun jedem diese Methode. Übrigens, seine Mannschaft gewann das Spiel, was sein „Glück" oder seine Bestellung perfekt abrundete.

Bestellungen können auch sehr viel später Realität werden. Friederike z.B. arbeitete als Teenager bei Nachbarn als Babysitter für Zwillinge, die total süß aussahen und sehr pflegeleicht waren. Richtige Sonnenkinder waren es, und Friederike liebte den Job. Damals sagte sie sich, dass sie auch gerne so süße Zwillinge haben möchte. Jahre später, nachdem sie verheiratet war, wurde sie schwanger. Rate mal, was passiert ist. Richtig, sie bekam zwei Jungs auf einmal. Die Chance, dass man auf natürlichem Wege, ohne Hormonbehandlung, in Deutschland Zwillinge bekommt, liegt bei unter zehn Prozent. Nachdem Friederike sich mit dem Thema Bestellungen beschäftigt hatte, kam sie zu der Erkenntnis, dass ihre zwei Jungs das Resultat ihrer unbewussten Bestellung aus der Teenagerzeit waren.

„Ein Mensch ohne Träume ist wie ein Boot ohne Segel.“

— AUTOR UNBEKANNT

REINE EINSTELLUNGSSACHE

Kapitel 04

Warum Dir eine positive Grundeinstellung alles im Leben erleichtert

04

Die Energie deiner Einstellung gestaltet dein Leben. Sie ist der Wind, der deine Segel füllt und dich vorantreibt. Eine positive Einstellung trägt dich zu deinen Zielen, eine Negative davon weg.

Was meine ich mit positiver Einstellung? Sei dem Leben gegenüber optimistisch eingestellt – das heißt es. Wer die Dinge negativ sieht, der nimmt sich selbst den Wind aus den Segeln, anstatt sein Leben auf dem Sonnendeck zu genießen. Es gibt das Beispiel mit dem Glas Wasser, das bis zur Hälfte gefüllt ist. Ich kann sagen, das Glas ist halb voll, oder ich kann sagen, das Glas ist halb leer. Der Optimist sagt: Mein Glas ist halb voll. Es gibt unzählige Beispiele, wie man dieselbe Sache positiv oder negativ sehen kann. Es fängt morgens an, wenn man aus dem Fenster schaut. Bei einer negativen Grundeinstellung sagt man z.B.: „Heute ist das Wetter aber schlecht. Das wird ein schlechter Arbeitstag." Meistens kommt es auch so, weil man es sich selbst bestellt hat.

Der positive Mensch sagt: „Das Wetter ist heute nicht so gut, aber die Pflanzen freuen sich über das Wasser. Ich werde das Beste aus dem verregneten Tag machen." Selbst aus negativen Situationen kann man immer etwas Positives herausholen.

Früher habe ich mich über meine eigenen Fehler oder die anderer geärgert. Dieser Ärger und der daraus entstehende Stress verursachten bei mir immer wieder Magengeschwüre. Ein Arzt sagte mir, ich solle den Ärger nicht in mich „hineinfressen", sondern herauslassen und eine andere Haltung einnehmen. Er stellte mir die Frage, was ich an einer Situation noch ändern könnte, wenn der Karren bereits in den Dreck gefahren ist. Ich solle lieber das Positive in dem Ärger suchen, um für die Zukunft zu lernen. Von diesem Zeitpunkt an habe ich meine Grundeinstellung zu geschehenen Fehlern geändert. Wenn etwas schief geht, frage ich mich jedes Mal: Was für einen Nutzen kann ich aus dieser Situation ziehen und wie kann ich es verhindern, dass der Fehler

„NIMM DEIN GLÜCK SELBST IN DIE HAND UND SETZE DIE SEGEL."

UNBEKANNTER AUTOR

noch einmal passiert? Und ich kann Dir sagen, es funktioniert. In der Wirtschaft sieht man oft den Unterschied zwischen negativem und positivem Denken. Bei einer Wirtschaftskrise kann man alles schlechtreden, oder man sieht die Krise als Chance. Deine Einstellung zum Leben, zu Dir selbst, zu Deiner Familie, zu Deinen Mitmenschen und auch zur Umwelt setzt die jeweiligen Erfolgsgrenzen. Die Grenzen ziehst Du mit Deinem eigenen Denken selbst. „Das, was Du nach außen darstellst, spiegelt lediglich Deine innere Einstellung wider" (Buddha).

So, wie Du das Leben und Deine Mitmenschen liebst und mit ihnen umgehst, so gehen das Leben und Deine Mitmenschen auch mit Dir um. Wenn Du denkst, Du wärst kein guter Sportler, dann hast Du die Grenze selbst gesetzt und wirst nie ein guter Sportler werden. Wenn Du denkst: Ach, ich werde nie den richtigen Lebenspartner finden, dann hast Du selbst eine Schranke aufgebaut, die Du nicht überwinden kannst, und findest auch keinen Lebenspartner, der zu Dir passt. Wenn Du denkst: Ach, ich kann nie Karriere machen oder viel Geld verdienen, dann hast Du auch in diesem Fall mit Deiner Einstellung und Deinen Gedanken eine Grenzlinie gezogen, die Dich am Aufstieg hindert. Dieses Spiel kannst Du in allen Lebensbereichen fortführen. Du wirst immer wieder zu dem gleichen Ergebnis kommen – Du setzt Dir selbst mit Deiner Einstellung und Deinen Gedanken die Grenzen. Es sind die Grundeinstellung und der Glaube einer Person, die entscheiden, ob sie Erfolg hat oder nicht. Wie kann es sonst sein, dass es Geschäftsleute gibt, die erfolgreich sind, und Geschäftsleute, die kurz vor der Pleite stehen? Das Geheimnis von Erfolg ist die innere Einstellung, und für

diese Einstellung spielt es eine entscheidende Rolle, welche Erfolgsgrenzen wir uns setzen. Es sind nicht die äußeren Einflüsse, die über Erfolg oder Misserfolg entscheiden.
Jede Stadt hat die eine Strasse, in der sich Schuhgeschäfte aneinander reihen. Du weißt sofort, welche es bei Dir ist. Alle haben ungefähr dasselbe Sortiment und trotzdem sind manche Läden erfolgreicher als andere. Woran liegt das? Glück? Was ist aber Glück? Glück oder auch das Glücksgefühl kommt durch das Überwinden von Hindernissen auf dem Weg zu einem bekannten Ziel. Lotto-Gewinner wurden befragt, wann sie am glücklichsten waren. Interessanterweise sagten alle übereinstimmend, es sei der Moment gewesen, als sie die Lottozahlen gesehen und realisiert haben, dass sie sechs Richtige hatten. Dieses wahnsinnige Glücksgefühl haben auch Sportler sehr oft. Das Hindernis ist eine bestimmte Strecke oder der Gegner. Wenn sie diese Hindernisse überwunden und somit auch gesiegt haben, stellt sich das Glück mit den entsprechenden Gefühlen ein. Denke zurück an eine Situation, die sehr schwierig für Dich war, die Du aber gemeistert hast – was für ein Gefühl war das? Eines der extremsten Glücksgefühle, die ich je hatte, durchfuhr mich bei der Geburt meines Sohnes Alexander. Das „Hindernis“ lag darin, dass er noch im Mutterleib war und nun durch den Geburtskanal das Licht der Welt erblicken sollte. Meine Traumfrau war seit 13 Stunden im Kreißsaal und die Wehen waren für sie extrem anstrengend. Ich habe mit ihr gelitten, und als es endlich so weit war und Alexander auf die Welt kam, löste das ein unbeschreibliches Glücksgefühl bei mir aus; ich musste vor Freude weinen.

Es ist also das Überwinden von Hindernissen auf dem Weg zu einem bekannten Ziel, was uns Glück bereitet. Der negative Mensch wird jetzt sagen, es sei Zufall, wenn man im Lotto gewinnt. Nein, es hat etwas mit der Einstellung, dem Glauben, Handeln, der Energie und dem Wechselspiel von Absicht und Gegenabsicht zu tun. Ich bin positiv und habe das Gefühl, dass ich im Lotto gewinne. Ich glaube daran ohne Zweifel. Aus dem Gefühl und dem Glauben heraus entstehen die Energie und die Absicht („Ich werde Lotto spielen und gewinnen"). Nun gehe ich zur Lottoannahmestelle und fülle einen Lottoschein aus. Ich habe keine Zweifel beim Ankreuzen der Zahlen und gebe den Lottoschein ab. Jetzt beginnt sich bereits die geistige Energie im physikalischen Universum zu manifestieren. Da ich keine Zweifel habe und fest daran glaube, dass ich im Lotto gewinnen werde, sende ich die ganze Zeit über Energie auf das gewünschte Ziel. Bei der Ziehung der Lottozahlen sitze ich vor dem Fernseher und schaue gespannt auf die rollenden Kugeln. Ich habe immer noch keine Zweifel, dass ich nicht gewinnen könnte. Die erste Zahl fällt in den Topf und ist auch auf meinem Lottoschein angekreuzt. Was passiert nun? Das erste Glücksgefühl stellt sich ein. Es wird von Zahl zu Zahl stärker, und bei der letzten Kugel flippe ich völlig aus, weil sie ebenfalls richtig ist. Da das Tippen von sechs Richtigen plus Zusatzzahl ein sehr, sehr großes Hindernis ist (die Chance liegt bei 1:140 Millionen oder noch schlechter), fällt das entsprechende Glücksgefühl sehr groß aus. Aber in dem Moment, in dem ich nur den leisesten Zweifel hege, entsteht eine Gegenabsicht zu meiner ursprünglichen Absicht („Ich habe sechs Richtige") und ich habe verloren. Das liegt daran, dass der eine Energiefluss auf den anderen trifft und nicht mehr an sein Ziel gelangen kann. Nur damit es keine Missverständnisse gibt: Ich habe noch nicht sechs Richtige im Lotto gehabt. Es gab immer zu viele Zweifel in mir. Aber einer meiner Freunde, dem ich meine Anleitung zum Erreichen von Wünschen und Zielen bereits weitergegeben habe, hat eine Bestellung in Sachen Lotto abgegeben und gewonnen. Er kam an einem Lottogeschäft vorbei und da stand auf einem Werbeschild: „12 Mio. im Jackpot". Er hatte die Idee und ein gutes Gefühl, er war sich sicher, dass er im Lotto gewinnen würde. So gab er bewusst seine Bestellung auf: „Ich gewinne dieses Wochenende im Lotto." Er gewann tatsächlich, allerdings waren es „nur" vier Richtige. Er erzählte mir, dass er sich darüber geärgert hat, seine Bestellung so ungenau formuliert zu haben.

Ich sagte ihm, er solle sich darüber freuen, weil es wieder eine Bestätigung dafür war, dass man sich über die geistige Ebene und die entsprechende Energie seine Wünsche viel leichter und schneller erfüllen kann.

Kommen wir nun zurück zum Glück. Wie definiert man einen glücklichen Menschen? Mein Vorschlag: Ein glücklicher Mensch ist jemand, der mit sich und seiner Umwelt zufrieden ist. Er ist gesund, fühlt sich gut, hat eine großartige Familie, keine Geldsorgen und beruflich läuft auch alles bestens. Es ist jemand, der sämtliche Hindernisse auf dem Weg zu seiner Vorstellung von einem zufriedenen Leben überwunden hat. Ein paar kleine Herausforderungen im täglichen Leben hat er dennoch, damit ihm nicht langweilig wird. Jeder kann Glück haben und selbst für viele, viele Glücksmomente sorgen. Du musst sie nur bestellen. Auch hier spielen Glaube und Einstellung eine wichtige Rolle. Friedrich Hebbel sagte: „Wer an Glück glaubt, der hat Glück." Das ist leicht gesagt, aber wie leicht kann man nun seine Ziele und Wünsche schneller realisieren. Hierbei spielt der Glaube eine enorme Rolle. Als Erstes schauen wir uns mal an, was Glaube überhaupt ist. Früher dachte ich immer, Glaube wäre nur eine religiöse Überzeugung.

ES GIBT ZWEI DEFINITIONEN VON GLAUBE

×

Definition 1
gefühlsmäßig, nicht von Beweisen, Fakten oder Ähnlichem bestimmte unbedingte Gewissheit oder Überzeugung

Definition 2
religiöse Überzeugung; Bekenntnis zu einer religiösen Glaubensrichtung

Wir beschäftigen uns mit Definition 1. Damit Deine Bestellung funktioniert, musst du daran glauben. Dafür brauche ich einen Vertrauenvorschuss von Dir. Schon bald wirst Du aber nicht mehr nur glauben, sondern überzeugt sein. Je mehr Bestellungen funktionieren, umso stärker wird Deine Gewissheit und desto schneller werden sich Deine Wünsche erfüllen.
Wie entsteht Glaube? Ich kann nur an etwas glauben, wenn ich es mir vorstellen kann. Der Ursprung des Glaubens ist der Gedanke. Ein Gedanke ist eine geistige Tätigkeit. Man stellt sich etwas vor, dadurch werden Bilder vor dem „geistigen Auge" erzeugt. Wir Menschen denken in Bildern, nicht in Worten. Je mehr ich mir vorstellen kann, umso kreativer bin ich und umso mehr kann ich erreichen. Es ist der Gedanke, der den Ursprung des Materiellen legt. Egal was Du nimmst, ob ein Möbelstück, das Telefon, die Glühbirne, das Auto oder Deine Kleidung, am Anfang stand immer zuerst ein Gedanke. Dann kam die Idee zu etwas Neuem, und durch den Glauben wurde es feste Materie.

Thomas Edison machte Tausende von Versuchen, bis er die Glühbirne zu einem brauchbaren Gegenstand entwickelt hatte. Wenn er und andere Visionäre nicht an das Licht mittels Glühbirne geglaubt hätten, säßen wir heute am Abend im Schein der Petroleumlampe. Buddha sagte: „Alles, was wir sind, ist das Ergebnis dessen, was wir gedacht haben." Das Gleiche gilt auch für materielle Dinge. Wenn Du Dir nicht vorstellen kannst, dass Du wirklich einen Porsche besitzen kannst, wirst Du auch nie einen besitzen. Wenn Du Dir nicht vorstellen kannst, einen Marathon z. B. unter vier Stunden zu laufen, wirst Du es auch nicht schaffen. Es fehlt Dir der Glaube, der nicht zweifelt. Du kannst nur das erreichen oder haben, was Du Dir wirklich klar vorstellen kannst.

Wir wollten an meiner Arbeitsstelle „alte" Stühle verkaufen. Es waren Designerstühle, die schon ein wenig in die Jahre gekommen waren. Ich sagte: „Verkaufen wir die Stühle bei eBay. Wenn wir 30 Euro pro Stuhl bekommen, können wir uns freuen." Mein Kollege entgegnete: „Quatsch, man bekommt viel mehr dafür." Er setzte 20 Stühle für 1.600 Euro ins Internet, 80 Euro pro Stuhl. Alle anderen Kollegen und ich, konnten uns nicht vorstellen, dass die Stühle zu dem Preis verkauft würden. Das Ergebnis war, dass sich zwei Käufer um die Stühle stritten, die tatsächlich für 1.600 Euro verkauft wurden. Der besagte Kollege hatte es sich vorstellen können und die Bestellung so aufgegeben. Er hatte keine Zweifel daran, und daher wurden sie auch zum gewünschten Preis verkauft. Der Ursprung ist also der Gedanke, danach kommt die Idee für ein bestimmtes Ziel. Durch die Vorstellungskraft entsteht der Glaube, dass man das Ziel erreichen kann. Je größer die Vorstellungskraft wird, umso größer wird auch der Glaube daran. Durch den Glauben entsteht der Wille, das Ziel auch zu erreichen. Je größer der Glaube an eine Sache ist, umso größer wird dann auch der Wille und umso größer wird der Energiestrahl, der sich auf das Ziel ausrichtet.

Nehmen wir dieses Buch als Beispiel. Meine Schwester hat mich mit ihrem Bedürfnis angesteckt, anderen bei der Erfüllung ihrer Wünsche über die geistige Ebene zu helfen. Ich hatte für mich erkannt, dass meine Bestellungen besser funktionieren, wenn mein Umfeld ebenfalls welche durchführt. Zudem ist es für mich auch ein gutes Gefühl zu sehen, wie sich das Leben meiner Freunde und Bekannten durch meine Anleitung verbessert. Also habe ich mir die Frage gestellt: Wie kann ich anderen Menschen schneller und effektiver helfen, damit auch sie ihre Ziele und Wünsche schneller realisieren können? So entstand der Gedanke zu diesem Buch. Je länger ich darüber nachgedacht und mir vorgestellt habe, wie ich so ein Buch aufsetzen würde und welche Themen wichtig sind, desto mehr wuchs der Glaube, dass ich wirklich ein Buch schreiben werde. Es fühlte sich beim Kreieren richtig gut an, und so entstand das Ziel, ein Buch zu schreiben. Ich sprach mit verschiedenen Leuten über meine Idee. Es gab darunter auch einige, die sagten, dass es doch nichts werden würde, dass es schon so viele Bücher über dieses Thema gibt, oder auch: „Thorsten, Du bist doch kein Schriftsteller und hast gar keine Zeit.“ Der Glaube an dieses Buch, meine Motivation und die Vorstellung, dass ich anderen Menschen zu ihrem Glück verhelfen kann, ließen dieses Buch entstehen. Am Anfang stand der Gedanke, die Idee, und dann kamen immer mehr Gedanken durch die Vorstellungskraft hinzu. Dieser Prozess führte zu einem festen Glauben. Durch den Glauben entstand der Wille und die Absicht, es Wirklichkeit werden zu lassen. Und somit auch eine Energie, die sich in Materie verwandelte, also in das Buch, das Du jetzt in Händen hältst.

Du musst an Deine Wünsche beziehungsweise Bestellungen glauben. Dann entsteht genug Energie, um jedes Ziel zu erreichen. Probiere es doch einmal aus. Du hattest bestimmt schon einmal eine Idee, was Du gerne machen würdest, wenn Du genug Zeit und Geld hättest. Nimm diese Idee und male sie Dir aus. Stelle Dir einfach vor, wie, wo und wann Du es machen möchtest. Wenn Du Dich lange genug geistig damit beschäftigst und klare Vorstellungsbilder entwickelst, werden Dein Glaube und Dein Wille enorm wachsen. Und wenn Du gerade dabei bist, dann lass es Wirklichkeit werden. Es ist sehr leicht gesagt, warum etwas nicht funktioniert hat, und noch leichter ist es, anderen die Schuld dafür zu geben oder ihnen die Verantwortung aufzubürden. Schau Dich um und beobachte andere Menschen. Wenn etwas schiefgeht, begeben sich viele in die Opferrolle und machen andere für ihre Situation verantwortlich. Aber wenn Du genau hinschaust und ehrlich zu Dir selbst bist, wirst Du feststellen, dass Du selbst der Ursprungspunkt für das Misslingen Deiner Vorhaben bist. Es gab ursprünglich eine Absicht (Energiestrahl 1) und im Laufe der Umsetzung Zweifel bzw. Gegenabsichten (Energiestrahl 2). Wenn diese beiden Energiestrahlen aufeinandertreffen, hast Du ein Problem. Jetzt kommt es darauf an, welcher Energiestrahl stärker, intensiver ist. Ein kleines

Beispiel hierzu. Ich war auf dem Weg zum Sport und dachte mir: „Heute werde ich meine Bauchübungen zu 100 Prozent schaffen und nicht schwächeln.“ Beim letzten Training hatte ich die Gewichte erhöht, jedoch den vollen Satz nicht geschafft. Also dachte ich, es schadet nicht eine ensprechende Bestellung abzusenden. Nun kam ich zum Training und machte meine Übungen. Während meiner Bauchübung spürte ich, dass die Anstrengung meinen Willen schwächte. Mir schoss der Gedanke durch den Kopf, ob ich den Satz wirklich schaffen würde. Es kamen Zweifel auf, die man Gegenabsicht nennen oder als neue Bestellung begreifen kann. Ich stand an der Schwelle des Problems (Absicht: Ich schaffe heute den vollen Satz; Gegenabsicht bzw. Zweifel: Schaffe ich den vollen Satz wirklich?). Nun „kämpfte“ die eine Bestellung gegen die andere. Ich sagte mir: Natürlich schaffe ich es, schließlich funktionieren meine Bestellungen. Doch dann schossen mir Gedanken durch den Kopf wie: „Na ja, Du hast nicht viel gefrühstückt und daher fehlt Dir die Energie.“ Da ich mir aber bewusst war, dass es nur eine Betrachtung ist, hielt ich den Gedanken aufrecht: „Ich werde heute den vollen Satz schaffen.“ Was soll ich Dir sagen: Der Energiestrahl 1 – die Bestellung „Ich schaffe heute einen vollen Satz“ – hat gesiegt. Wenn ich es nicht geschafft hätte, wäre es sehr einfach gewesen, mindestens zehn Gründe und Rechtfertigungen zu finden, warum die Bestellung nicht funktioniert hatte. Dieses Beispiel illustriert die verschiedenen Energieflüsse, die der geistigen und die der körperlichen Energie, die miteinander ringen. Mir hat es unter anderem bewiesen, dass geistige Energie viel kraftvoller ist als körperliche.

Hast Du einmal gehört, dass jemand gesagt hat: „Der zieht das Unglück an und hat immer Pech“ oder Ähnliches? Es gibt tatsächlich Menschen, bei denen die Idee naheliegt, sie hätten immer Pech. Genauso ist es auch umgekehrt. Manche Personen haben anscheinend immer Glück. Der Eine zieht das Unglück an, während der Andere das Glück anlockt. Jetzt könnte man zur Schlussfolgerung kommen, dass es etwas mit Anziehungskräften oder Schwingungen zu tun hat. Wir wollen aber genau hinschauen. Beispiel: Eine Person ist dauernd in Geldnot, bekommt ständig Rechnungen und Mahnungen, die Schulden wachsen, es nimmt kein Ende. Jetzt könnten wir die Theorie äußern, weil sie sich ständig mit Rechnungen beschäftigt und hierzu negative Gedanken hat, würde sie noch mehr Rechnungen „anziehen". Ich persönlich glaube, dass es keine Anziehungskraft ist, sondern die persönliche Einstellung beziehungsweise die permanenten Bestellungen, die diese Person aufgibt. Durch Gedanken wie „Ich brauche Geld", „Ich habe nur Schulden", „Immer kommen nur Rechnungen", „Ich bin immer pleite" usw. bestellt sie sich permanent die gleiche Situation. Was passiert also? Sie sendet ständig Energiestrahlen ins Universum, und durch das Aufrechterhalten dieser Bestellungen und der energetischen Kraft manifestiert sich die Order im physikalischen Universum. Das Ergebnis ist, dass sie mehr Rechnungen erhält und noch mehr Schulden hat. Wir erinnern uns, Gedanken sind Energiepakete, die gesendet werden. Durch die Aufmerksamkeit und die Gedanken an Rechnungen schiebt der „Pechvogel" permanent Energie auf die Rechnungen. Die Energie wird zur Materie und es landen neue Rechnungen im Briefkasten. Die betreffende Person hat sich selbst die Grenzen gesetzt und ihr Unglück heraufbeschworen. Das bedeutet, dass sie mit ihren negativen Gedanken und falsch formulierten Bestellungen ihre Schuldensituation aufrechterhält. Ferner begeht sie den Fehler, die falsche Grundeinstellung einzunehmen. Der Unglücksrabe zieht sich in die Opferrolle zurück und sagt sich: „Ich habe Schulden, weil das und das passiert ist", oder: „Ich bin ein armer Mensch." Aber nein, es sind die eigenen Gedanken, die das Unglück kreieren. Man ist und bleibt Schöpfer des eigenen Universums. Die Frage ist nur, warum erschafft man sich ein Universum, in dem man leidet?

Kommen wir zum Gegenstück, dem erfolgreichen und wohlhabenden

Glückspilz: einem Geschäftsmann, der immer reicher wird, dem alles gelingt. Auch in diesem Fall könnte man sagen: „Geld zieht Geld an" oder Ähnliches. Sind es wirklich Anziehungskräfte oder ist es die positive geistige Energie, die sich im Universum manifestiert? Dieser Geschäftsmann bestellt sich ständig beispielsweise „Ich bin erfolgreich", „Ich habe viel Geld", „Egal was ich anfange, es wird immer ein Erfolg" und so weiter. Was passiert nun? Er sendet andauernd Energiestrahlen ins Universum, und durch das Aufrechterhalten dieser Bestellungen und die energetische Kraft manifestiert sich seine Order im physikalischen Universum. Das Ergebnis ist, dass er mehr Erfolg hat, mehr Geld besitzt und noch reicher wird. Auch er kreiert seine Grenzen bzw. seinen Erfolg mit seinen positiven Bestellungen selbst. Darüber hinaus nimmt er die richtige Grundeinstellung ein und sagt sich konsequent: „Ich bin erfolgreich."

Es spielt keine Rolle, ob Du und ich an Anziehungskraft glauben oder nicht. Letztlich ist Anziehungskraft auch nur ein Energiestrahl, der durch negative oder positive Energie eine Bestellung Wirklichkeit werden lässt. Der Ursprung dieser Energie ist der Gedanke. Dort, wohin ich meine Aufmerksamkeit richte, fließt die Energie auch letztlich hin. Übrigens, beide Personen, der „Pechvogel" und der „Glückspilz", werden zusätzlich durch Bestellungen anderer Menschen unterstützt. Du kennst vielleicht jemanden, der Schulden hat, und denkst Dir: „Der hat ja nur Schulden", oder: „Der ist nicht erfolgreich, denn er hat nur Schulden" und so weiter. Genau in dem Moment, in dem Du diese Gedanken hast, setzt Du eine Order bzw. einen Energiestrahl ins Universum und verfestigst damit seine missliche Schuldensituation. Das Gleiche passiert auch bei dem erfolgreichen Geschäftsmann. Du kennst jemanden, der sehr viel Geld besitzt und erfolgreich ein Geschäft betreibt. Nun kommen Dir die Gedanken: „Der hat viel Geld", „Der ist super erfolgreich", „Mensch, alles, was der anfängt, wird ein voller Erfolg". Auch hier ist es so, dass Du mit

Deinen Gedanken Energie entwickelst und ins Universum sendest. Du verstärkst somit seine Energiestrahlen zu seinen Bestellungen.

Mustafa, ein erfolgreicher Immobilienmakler, sagt gerne: „Mitleid bekommst Du geschenkt. Neid musst Du Dir erarbeiten." Durch die Tatsache, dass Gedanken Energie freisetzen und diese Energie etwas bewirkt, sollte man mit Mitleid sparsam umgehen oder es ganz vermeiden. Wenn Du mit jemandem Mitleid hast und sagst: „Es tut mir leid, dass Du immer Pech hast", dann verstärkst Du seine Situation, weil Du in dem Moment eine Order oder einen Energiestrahl ins Universum sendest. Neid hingegen ist in gewisser Form auch eine Art Bestätigung für einen Menschen. Man bewundert den Erfolg, gönnt ihn der Person aber nicht. Wenn Du z. B. abfällig sagst: „Der macht sich wieder die Taschen mit Geld voll", hilfst Du ihm mit Deiner Bestellung, mehr Reichtum anzuhäufen. Meine Erkenntnis ist, dass ich nicht so viel Mitleid verschenken sollte und durch Neid lediglich der anderen Person zu noch mehr Macht bzw. Energie verhelfe. Unser „Pechvogel" muss nur die Entscheidung treffen – auch wenn es schwer ist –, eine positive Grundeinstellung einzunehmen und positive Bestellungen ins Universum zu senden. Dann würden seine Wünsche wie z.B. „Ich habe keine Schulden mehr" oder „Ich bekomme Geld, um meine Schulden abzuzahlen" früher oder später in Erfüllung gehen. Es hängt nur davon ab, wie stark seine positiven Energiestrahlen sind.

Im nächsten Kapitel beschreibe ich die technische Seite der Bestellungen und wie einfach man seinen inneren „Schweinehund" überwinden kann, wenn man die Geheimnisse, nach denen das Universum funktioniert, erst einmal kennt.

ZUSAMMENFASSUNG
DU SOLLTEST AUF FOLGENDE PUNKTE ACHTEN:

Du brauchst für den Erfolg Deiner Bestellungen eine positive Grundeinstellung.

Du setzt mit Deiner Einstellung, Deiner Vorstellungskraft und Deinem Glauben selbst die Grenzen Deines Erfolges.

Der Glaube hängt von Deiner Vorstellungskraft und Deinen Gefühlen ab und bestimmt somit, wie stark der Energiestrahl wird.

Du brauchst unbedingt positive Gedanken (Einstellung), damit Du die richtige Bestellung ins Universum absendest.

Negative Gedanken verursachen automatisch negative Bestellungen bzw. Energiestrahlen.

Jeder Mensch schafft sich durch permanente Bestellungen sein eigenes Universum und somit auch seine persönliche Situation.

Man kann jederzeit für sich die Entscheidung treffen, eine positive Grundeinstellung einzunehmen, und somit die Abwärtsspirale stoppen sowie seine persönliche Situation verbessern.

„Nur indem man das Unerreichbare anstrebt, gelingt das Erreichbare.

Nur mit dem Unmöglichen als Ziel kommt man zum Möglichen.“

— MIGUEL DE UNAMUNO

LOGBUCH ZUM GLÜCK

MIT ENERGIE UND KÖPFCHEN

Kapitel 05

Was Du mit der Kraft Deiner Gedanken alles bewegen und erreichen kannst

05

Alles besteht aus Energie, auch deine Gedanken. Mit ihnen bewegst du die Welt. Aber was bedeutet überhaupt „Energie“? Das Wort lässt sich mit „wirkende Kraft“ übersetzen. In einem Wörterbuch steht hierzu: „Mit Nachdruck, Entschiedenheit und Ausdauer eingesetzte Kraft, etwas durchzusetzen“.

In der Physik meint man damit die Fähigkeit eines Stoffes, Körpers oder Systems, Arbeit zu verrichten. Energie ist gleichzusetzen mit der Kraft, etwas zu bewirken. Wenn ich z. B. ein stehendes Auto anschiebe, drücke ich meine körperliche Kraft dagegen, und durch die Energie, die freigesetzt wird, bewirke ich, dass das Auto sich in Bewegung setzt. Es ist aber nicht nur körperliche Energie, sondern auch geistige, die das Auto rollen lässt.

Zuerst kommt die geistige Energie, der Gedanke, das Auto in Bewegung zu setzen. Dann wird sie verstärkt durch die Bestellung, dass sich das Auto bewegen soll. Der nächste Gedanke oder auch die Order an den Körper lautet, dass er nun Kraft einsetzen und gegen das Auto drücken soll, damit die körperliche Energie zusätzlich auf das Auto einwirkt. Wir sehen an diesem simplen Beispiel, dass geistige Energie in einem viel größeren Ausmaß eingesetzt wird als die mechanische Energie des Körpers bzw. der Muskeln.
Sobald man denkt, wird Energie produziert. Dies ist ohne Probleme messbar. Die Energie fließt hinaus ins Universum und bewirkt etwas. Wenn ein Bäcker die Zutaten für seine Brötchen zusammenstellt und den Teig knetet, in eine Brötchenform bringt und anschließend in den Ofen schiebt, setzt er geistige und körperliche Energie ein, um das Backwerk entstehen zu lassen. Wenn wir nun ein Brötchen unter ein Elektronenmikroskop legen, stellen wir fest, dass es verdichtete Energie ist. Verdichtete Energie bedeutet, dass Energie sich aus Materie (verdichtete Energie) und Raum (ausgedehnte Materie) zusammensetzt. Das heißt, jeder Körper, wie auch unser Brötchen, besteht aus beiden

„SOBALD DER GEIST AUF EIN ZIEL GERICHTET IST, KOMMT IHM VIELES ENTGEGEN.“

JOHANN WOLFGANG VON GOETHE

Komponenten, einem Materie- und einem Raumanteil. Damit es nicht zu technisch wird, komme ich an dieser Stelle gleich zum entscheidenden Punkt: Es gibt nichts Festes. Alles, was wir sehen, sei es ein Schrank, ein Stuhl oder ein Auto, ist komprimierte Energie. Denn alles auf atomarer und molekularer Ebene ist ständig in Bewegung. Selbst für den menschlichen Körper gilt das.

Was hat nun diese Energie mit Bestellungen zu tun? Ganz einfach: Ohne die geistige Energie, den Gedanken, würde keine Idee (wie z. B. ein Brötchen backen) und kein fertiges Produkt (ein leckeres Brötchen) entstehen. Das ist, vereinfacht gesagt, der Beweis dafür, dass Du alles erreichen und haben kannst, wenn Du genug geistige Energie entwickelst. Dieses Prinzip kannst Du auf das gesamte Leben anwenden.

Schnecke, meine süße Traumfrau, hatte mir am Anfang unserer Beziehung gesagt, dass sie später drei Kinder haben will. Damals dachte ich: „Ach du meine Güte, drei Kinder sind doch viel zu viele, und was das alles kosten wird ...“ Heute habe ich drei Kinder und bin sehr glücklich darüber. Meine Frau hat ihren Wunsch – ihre geistige Energie – immer aufrechterhalten. Dieser Energiestrahl war stärker als mein Energiestrahl („Ein oder zwei Kinder reichen doch völlig aus“). Das führt uns nun zu der Frage, warum manche Bestellungen nicht funktionieren und was man tun kann, um seine Bestellungen durchzusetzen. Wäre man ganz allein im Universum, so bräuchte man sich nur etwas zu wünschen und es wäre sofort da. Es gäbe keine eigenen Gegenbetrachtungen oder Zweifel, ebenso wenig Gegenabsichten anderer Menschen, da diese nicht existierten. Es wäre ziemlich langweilig auf dieser Welt. Stell Dir vor, Du könntest alles haben oder machen, ohne irgendeine Anstrengung zu vollbringen. Auch das wäre ziemlich langweilig. Du würdest keine Glücksgefühle haben, weil alles selbstverständlich passieren würde. Aber wir sind nicht allein im Universum. Und deshalb ist das Leben auch so interessant. Man kann alles erleben: Freude, Traurigkeit, Schmerz, Glücksgefühle, Liebe und so weiter. Dies wiederum führt zu der Frage: Was ist eigentlich der Sinn des Lebens? Stell Dir diese Frage in Bezug auf Deine individuelle Existenz. Ich glaube, dass der Sinn des Lebens ÜBERLEBEN ist. Dieses Überleben sollte bestmöglich erfolgen. Ich wasche mich jeden Tag und nehme Nahrung zu mir, weil ich so besser überleben kann. Ich gehe zur Schule und bilde mich weiter, um besser überleben zu können. Ich gründe eine Familie und habe Kinder, weil ich „über diese" weiter überlebe (in meinen Genen). Jeder Mensch arbeitet gerne, vorausgesetzt, er tut etwas, das ihm Spaß macht. Zusätzlich überlebe ich besser, wenn ich Geld verdiene, um mich zu ernähren. Ich achte auf die Umwelt, weil ich dann z. B. bessere Luft zum Atmen habe, und hierdurch überlebe ich besser. Wenn ich anderen Menschen helfe, sichere ich u. a. auch mein Überleben. Du siehst, im Leben dreht es sich eigentlich immer ums bestmögliche Überleben. Jetzt könnte man sich die Frage stellen, warum es Kriege und Unterdrückung gibt. Die Antwort bleibt dieselbe. Selbst ein Diktator glaubt, dass er, wenn er sein Volk unterdrückt, sein persönliches Überleben besser gestaltet – wo auch immer diese dumme Idee herkommt. Ein normal denkender Mensch würde sagen, dass das verrückt ist. Das stimmt, und daher sollte man auch etwas dagegen tun, indem man den Unterdrückten hilft. Das sichert indirekt auch wieder das eigene Überleben. Am Beispiel „Diktator" können wir sehen, dass Menschen ihre geistige Energie für positive, überlebensfreundliche oder aber für überlebensfeindliche Ziele einsetzen können.

Stell Dir für fünf Minuten vor, wie es wäre, wenn Du der Bürgermeister Deiner Stadt wärst. Wie würdest Du Deine Stadt aufbauen, welche Häuser, Schulen, Straßen usw. würdest Du errichten? Was würdest Du für Deine Bürger tun, damit sie glücklich sind? Wie würdest Du einen einladenden Park gestalten? Wenn Du Deinen Gedanken und Ideen freien Lauf lassen würdest – was würde passieren? Du siehst die Bilder vor Deinem geistigen Auge. Du siehst, wie schön Dein Park mit den Rosen, Spielplätzen und Grünflächen aussehen würde. Das ist der Anfang der geistigen Energie, und würdest Du den Gedanken weiter ausführen und eine Skizze anfertigen, wie Dein Park aussehen könnte, würde noch mehr geistige Energie eingesetzt. Du könntest durch die Grundidee, durch den Glauben und die tatsächliche Umsetzung diesen Park Wirklichkeit werden lassen. Was ich mit diesem Beispiel zum Ausdruck bringen möchte:

Jeder Mensch kreiert sein eigenes Universum.

Alles, was Du erlebst oder auch siehst, hast Du mit Deiner eigenen geistigen Energie erschaffen. Du erschaffst dieses Universum jeden Tag, jede Stunde, jede Minute und jede Sekunde aufs Neue. Das ist die Kraft bzw. die Energie der Gedanken.

Nun bist Du aber nicht allein auf der Welt; andere Menschen erschaffen sich ebenfalls ihr eigenes Universum und formen Materie mit ihren eigenen geistigen Kräften. Stell dir zwei überlappende Kreise vor. Der eine ist Dein Universum, der andere das Universum eines Freundes. Dort, wo sich die Kreise überschneiden, entsteht eine Schnittmenge, also ein gemeinsames Universum. Dein Freund zeigt Dir eine bunte Tasse und sagt: „Ist diese Tasse nicht wunderschön?" Du gibst ihm recht, weil Dir diese Tasse ebenfalls gefällt. Die gemeinsame Schnittmenge der Universen liegt darin, dass Ihr beide übereinstimmt, dass es eine Tasse ist und dass diese Tasse ein wunderschönes buntes Muster hat. Das ist Eure gemeinsame Realität. Ihr habt gemeinsam das Universum, die schöne bunte Tasse, kreiert und daher ist die Materie vorhanden. Allerdings ist Dir bestimmt auch schon einmal passiert, dass Dir jemand etwas gezeigt hat, wovon er oder sie total begeistert war, während Du Dir gedacht hast: „Ist das aber hässlich." Ein Freund rief mich an und teilte mir aufgeregt mit, dass er sich ein neues Auto gekauft hat, das er mir unbedingt zeigen wollte. Es dauerte keine zehn Minuten und er stand mit seinem Auto vor meiner Tür. Als ich das Auto sah, war ich erschüttert. Die Marke möchte ich nicht nennen – aber das Design, die Farbe und der technische Zustand waren eine Katastrophe. Ich musste mir alles genau anschauen und durfte zur Krönung auch noch eine Probefahrt machen. Etwas beschämt hoffte ich, dass mich niemand in diesem Auto sehen möge. Für ihn aber war es ein wunderschönes Fahrzeug, auf das er sehr stolz war. Ich habe mir nichts anmerken lassen und gedacht: Wie unterschiedlich können doch die Realitäten sein! Hier war die gemeinsame Schnittmenge oder Übereinstimmung im physikalischen Universum nicht besonders groß. Aber das ist auch gut so, denn das macht ja unser Leben interessant und verhindert Langeweile.

Kommen wir nun wieder zu unserem Bürgermeisterjob und zum ideellen Kreieren eines individuellen Parks zurück. Du hattest Dir bereits ausgemalt, wie Du diesen bauen würdest. Wie Du Dir vorstellen kannst, brauchst Du Hilfe und Zustimmung, weil Du diesen Park nicht alleine kreierst, finanzierst und baust. Du hast einen Stadtrat und Bürger, die mitbestimmen, wie der Park auszusehen hat. Nun gibst Du die Bestellung auf, dass dieser Park die Größe des Central Park in New York City haben soll (circa vier Quadratkilometer). Dein Stadtrat kann sich das überhaupt nicht vorstellen und bringt zahlreiche Gegenargumente als Bestellungen, um dieses Projekt nicht so durchzuführen, wie Du es Dir vorgestellt hast. Es entsteht ein Problem, nämlich ein Widerspruch zwischen der Absicht, „einen großen Park zu bauen", und der Gegenabsicht, „einen kleinen Park zu bauen". Energiestrahl 1, die Absicht, trifft auf Energiestrahl 2, die Gegenabsicht. Wilde

Diskussionen brechen nun aus. Da Du aber weißt, dass ein großer Park die Lebensqualität Deiner Bürger erhöhen und zusätzlich Touristen und neue Bewohner anlocken wird, möchtest Du Deine Bestellung durchsetzen. Damit diese aufrechterhalten und verstärkt wird, lässt Du einen Bürgerentscheid durchführen. Vor der Wahl bist Du als Bürgermeister – genau wie auch Deine Gegner – unterwegs und klärst die Bürger auf, welche Vor- und Nachteile der Bau eines Parks hätte. Es kommt also darauf an, seinen Energiestrahl, seine Gedanken, seine Idee aufrecht zu erhalten, um die Bestellung Wirklichkeit werden zu lassen. Die Wahl ist gekommen und Deine Bürger haben sich für Deinen Vorschlag entschieden. Warum haben sie es getan? Die Antwort liegt in dir: Du hattest keine Zweifel an Deinem Plan, Du hast Deine Bestellung permanent aufrechterhalten und ein größeres Universum bzw. die größere Schnittmenge für Dein Universum erhalten. Das hat dazu geführt, dass Dein Energiestrahl verstärkt wurde und sich Deine Bestellung somit im Universum manifestiert hat.

×

Okay, bei unserem Bürgermeisterjob hatten wir eine sehr große Bestellung. Daher reichte die geistige Kraft der Ge-

AUF ERFOLGSKURS

Wir halten also fest, dass der Erfolg von Bestellungen zum einen vom Wünschenden selbst abhängt und zum anderen von den Bestellungen der Mitmenschen.

Entscheidend ist, wie lange ich mein selbst kreiertes Universum aufrechterhalte und nicht durch eigene Zweifel oder Fremdabsichten mindern lasse.

danken allein nicht aus und wir mussten zusätzlich mit Gesprächen überzeugen. Aber wären wir allein in der Stadt und hätten keine Gegenabsichten, dann wäre die Bestellung schneller umgesetzt worden. Fange daher mit kleinen Bestellungen an. Je mehr Bestellungen funktioniert haben, umso mehr Bestätigung und Sicherheit bekommst Du beim Bestellen. Als Nächstes verrate ich Dir, wie Du Deine Ziele und Wünsche schneller und leichter umsetzen kannst. Jetzt bauen wir Dir den Turbo ein, damit Du und Dein Umfeld noch „besser überleben“ und in glückliche Gewässer segeln könnt.

Wir wissen nun, dass jeder Mensch sein eigenes Universum kreiert und dass es daher sehr viele Universen gibt. Und alle Menschen senden ihre Energiestrahlen gleichzeitig in diese verschiedenen Universen. Warum ist es so schwer, im Lotto zu gewinnen? Es geht nicht nur um die mathematische Chance von 1:140 Millionen. Du hast zusätzlich das Problem, dass im Durchschnitt pro Woche 21 Millionen Menschen in Deutschland Lotto spielen. Was machen sie, wenn sie den Lottoschein abgeben? Sie bestellen einen Gewinn, am liebsten mit sechs Richtigen. Du hast also mindestens 21 Millionen Gegenabsichten zu Deiner eigenen Bestellung.

Ein verwandtes Beispiel: Du möchtest in Deiner Firma Karriere machen. Leider bist Du nicht allein dort tätig, sondern hast Kolleginnen und Kollegen, die ebenfalls Karriere machen möchten. Hier treffen wieder verschiedene Energiestrahlen aufeinander. Wie kannst Du nun Deine Bestellung „Ich werde bis zum x-ten befördert und erhalte den Posten xy“ ins physikalische Universum senden? Als Erstes darfst Du keine Zweifel daran haben, dass Du genau der oder die Richtige für diesen Posten bist und es selbstverständlich ist, dass Du ihn bekommst. Zusätzlich holst Du Dir Verstärkung beim Bestellen, da Du ja schließlich den kräftigsten Energiestrahl haben möchtest. Du fängst mit einer Person an, der du sehr nahe stehst. Du erklärst ihr, was Bestellungen sind, und lässt sie dieses Buch lesen. Danach versteht sie auch, warum geistige Energie viel mächtiger ist als körperliche Energie. Nachdem Du ihnen Deinen Wunsch, in diesem Fall die Beförderung, beschrieben hast, wird sie automatisch mitbestellen. Durch Deine Erklärung des Wunsches und die Schaffung der gemeinsamen Realität verstärkt sich Deine persönliche Energie auf das Ziel. Die Hilfe funktioniert nur, wenn beide darin übereinstimmen, dass es überlebensfreundlich ist, und auch keine Zweifel daran haben, dass Du genau die/der Richtige bist für diesen Posten. Daher ist es so wichtig, dass Du Deinen Wunsch detailliert beschreibst und ihn Dir ausmalst. Je eingehender Du Dir die Situation der Beförderung vorstellen kannst, umso mehr Energie schiebst Du genau in diese Richtung. Hierdurch wird der Glaube verstärkt und Deine Unterstützer helfen Dir geistig, das Ziel zu erreichen.

Bei meiner Schwester Sibille und ihrem Umfeld klappen die Bestellungen so gut, weil immer mehr Menschen aus ihrem Kreis wissen, dass es funktioniert, und sich bei ihren Zielen und Wünschen gegenseitig helfen. Also teile Dein Wissen und Deine Erfahrungen beim Senden bewusster Bestellungen ins Universum mit anderen. Sie werden Dich unterstützen und Ihr helft Euch gegenseitig. Gleichzeitig verbessert sich das Leben aller. Damit Du auch Menschen hilfst, die Du jetzt noch gar nicht persönlich kennst, habe ich eine Facebook-Seite eingerichtet:

www.facebook.com/daslogbuch

Teile Deinen Erfolg mit uns! Deine Erfahrungen werden inspirierend und hilfreich sein. Am Ende werden wir durch Dich und Du durch uns energetisch profitieren. Erzähle uns, welchen Wunsch du hattest oder welches Ziel Du Dir gesetzt hast, wie Du die Bestellung aufgegeben hast und wie Deine geistige Energie im physikalischen Universum Materie wurde. Jeder macht andere Erfahrungen, und es ist gut, wenn Du Deine mit vielen Menschen teilst. Wenn ich von meiner Schwester, Freunden und Bekannten höre, was für großartige Dinge passiert sind, verstärkt das jedes Mal meinen Glauben, dass man mit geistiger Energie alles erreichen kann, und bestätigt mein eigenes Handeln und Bestellen. Es ist phänomenal, was man durch geistige Energie erreicht. Am Anfang steht der Gedanke, dann folgen die Ideen, der feste Glaube daran und der Wille zur Umsetzung. Der Wille, diese Kraft gewordene Absicht formiert dann einen sehr mächtigen Energiestrahl.

Do Justo Gallego Martinez, ein spanischer Mönch, baut seit über 50 Jahren fast allein an einer Kathedrale aus Schrott. Dieser Mann ist bereits 86 Jahre alt und hat 1961 mit dem Bau begonnen. Es ist keine kleine Kirche, die er errichtet. Es ist eine mächtige Kathedrale. 55 Meter lang, 25 Meter breit und 35 Meter hoch erstreckt sie sich über eine Fläche von 8.000 Quadratmetern. Selbst im Greisenalter geht dieser Mann jeden Tag zu seiner Baustelle und arbeitet von morgens bis abends, zwölf Stunden pro Tag, an seinem Werk. Was für eine enorme Energie dieser Mann über Jahre hinweg aufrechterhalten hat, ist kaum vorstellbar. Wenn ein Mensch durch seinen Glauben und seine geistige Energie so etwas Mächtiges vollbringen kann, dann werden wir es auch schaffen, unsere Ziele und Wünsche durch Bestellungen zu realisieren.

Kürzlich hatte ich wieder so ein fantastisches Erlebnis. Ich musste tanken und suchte angesichts der historischen Spritpreise nach einer günstigen Tankstelle. An der ersten sollte ein Liter Diesel zum damaligen Zeitpunkt 1,44 Euro kosten. Ich sagte mir: Nein, das ist mir zu teuer. Ich will für unter 1,40 pro Liter tanken. So bestellte ich mir aktiv eine Tankstelle, die einen Liter Diesel unter 1,40 Euro verkauft. Auf meinem Weg kam ich noch an drei weiteren Tankstellen vorbei, überall lagen die Preise zwischen 1,42 und 1,45 pro Liter. Ich wunderte mich, dass der Preis nicht fiel, weil ich keine Zweifel hatte, als ich diese Bestellung aufgegeben hatte. Ich tankte also nicht und besuchte einen Freund. Nach etwa zwei Stunden fuhr ich zurück und an der ersten Tankstelle, an der ich vorbeikam, wurde der Diesel für 1,39 Euro pro Liter verkauft. Meine Freude war riesengroß. Man muss manchmal ein wenig Geduld haben, damit die Bestellung Wirklichkeit wird.

Ein wichtiger Faktor für den Erfolg von Bestellungen ist, dass Du eine positive Einstellung und das richtige Umfeld hast. Du musst Deine Aufmerksamkeit auf das richten, was Du willst, und Dich nicht auf das konzentrieren, was Du nicht haben möchtest. Als ich meine erste eigene Wohnung bezog, schenkte mir mein Vater einen alten Fernseher. Dieses Gerät war in Ordnung, nur flimmerte das Bild manchmal. Ich dachte damals: „Hoffentlich geht der Fernseher nicht kaputt! Wenn die Bildröhre kaputtgeht, kann man den Fernseher nicht reparieren!" Ich richtete immer wieder erneute Aufmerksamkeit auf dieses Risiko – und exakt das wurde dann auch Realität. Es dauerte keine drei Wochen und die Bildröhre war kaputt.

Wie Du nun die Technik der positiven Gedanken anwendest und Dir Dein eigenes gutes Umfeld erschaffst, beschreibe ich im nächsten Kapitel. Zusätzlich wirst Du noch mehr freie und positive Energie für Deine Bestellungen erhalten.

ZUSAMMENFASSUNG

Alles auf dieser Erde besteht aus Energie.
Jedes Kleidungsstück, jedes Gebäude, unser Essen und der Körper des Menschen selbst bestehen aus verdichteter Energie.

Die Energien, die entwickelt werden, um Materie entstehen zu lassen – und damit der Ursprung –, sind wir selbst.

Je mehr Aufmerksamkeit Du auf etwas richtest, umso mehr Energie produzierst Du, die in die gewünschte Richtung fließt.
So entsteht Materie; Du bekommst genau das, was Du bestellt hast.

„Wer Ausdauer besitzt, ist schon fast am Ziel.“

— ERNST R. HAUSCHKA

AUF DAS RICHTIGE UMFELD KOMMT'S AN

Kapitel 06

Ein Kapitän ist nur so gut wie seine Crew

06

Zeige mir Deine Freunde, und ich sage Dir, wer du bist. Wir erschaffen unser Umfeld und unser Umfeld erschafft uns. Ein Lächeln steckt an, wie auch eine negative Grundeinstellung. Durch dein Umfeld bestimmst Du also Deine Perspektive aufs Leben. Kein Kapitän sticht in See mit einer Mannschaft voller Quertreiber. Im Gegenteil, er sucht sich eine Mannschaft zusammen, in der alle an einem Strang ziehen! Ich selbst habe mich durch die von mir gesetzten Grenzen in meiner Vorstellungskraft eingeschränkt. Eine große Barriere auf dem Weg zum Erreichen von Zielen, Wünschen und Träumen sind die Bedenken, die in einem selbst aufkommen.

Ich hatte den Traum, einmal ein Jahr in Kanada, in der Nähe von Toronto, mit meiner Familie zu leben. Meine Bedenken haben dieses Ziel verhindert. Einwände wie „Dafür braucht man viel Geld", „Du kannst nicht einfach deinen Job kündigen und nach einem Jahr wiederkommen", „Die Kinder sind in der Schule und man kann sie nicht herausreißen", „Das wird mit den Behörden nicht einfach sein", „Du kannst jetzt nicht deine Wohnung ein Jahr leerstehen lassen" und viele mehr haben mich abgehalten. Sie führten dazu, dass ich diesen Traum bisher nicht umgesetzt habe. Nachdem ich mich ausführlich mit Bestellungen und der Kraft der geistigen Energie auseinandergesetzt habe, ist der Traum wieder präsent – und ich werde es tun. Hierzu gehören natürlich eine gute Planung und viele Bestellungen. Aber es ist nicht mehr unrealistisch, weil ich es mir vorstellen kann. Diese Vorstellung gibt den entscheidenden Impuls, einen Traum zu verwirklichen.

Bei der genauen Analyse der Gründe, warum ich diesen Traum nie verwirklicht habe, ist mir aufgefallen, dass zu einem erheblichen Teil mein Umfeld dazu beigetragen hat. Einige meiner Bedenken kamen nicht aus mir, sondern wurden mir eingeredet. Es waren Fremdabsichten anderer Personen, die es sich nicht vorstellen konnten oder es mir vielleicht auch geneidet hätten. Ein Freund etwa wandte ein: „Du kannst doch nicht die Kinder aus der Schule reißen. Sie werden später Probleme bekommen, sich wieder einzuleben." Dieser Punkt hatte ursprünglich überhaupt keinen Raum in meiner Betrachtung. Nun aber kamen mir Zweifel und ich räumte ein: „Vielleicht hat er recht und es ist nicht gut für die Kinder." Mein Freund brachte die Gegenabsicht ins Spiel, und ich bin durch meine aufkommenden Zweifel in Übereinstimmung mit der gegenläufigen Bestellung gegangen. Nun wurde sein Universum zu meinem. Oder anders ausgedrückt: Mein Universum bzw. meine Bestellung wurde kleiner. Durch die Zweifel habe ich mir selbst die Stopps und Grenzen gesetzt. Ich hätte genauso gut meine Bestellung aufrechterhalten können, dann wäre ich meinem Ziel nähergekommen.

Also habe ich begonnen, mein Umfeld – Familie, Freunde, Bekannte und Kollegen – zu beobachten. Hierfür habe ich eine Liste mit Fragen angefertigt.

DIE FRAGEN LAUTETEN:

- Hat xy eine negative Grundeinstellung *(Sieht sie/er die Zukunft negativ oder positiv)*?
- Spricht xy viel von der Vergangenheit und jammert sie/er über die Gegenwart oder Zukunft?
- Hilft xy anderen Menschen nur, wenn es für sie/ihn einen Vorteil hat *(Erwartung einer Gegenleistung)*?
- Spricht xy in groben Verallgemeinerungen und lästert über andere Personen?
- Erzählt xy primär von schlechten Nachrichten *(möglicherweise erfunden oder stark ausgeschmückt)*?
- Wertet xy positive Vorschläge, Ideen oder Anmerkungen ab *(„Ach, das wird doch nichts ... das kann nicht funktionieren")*?

- Meldet sich xy vor allem, wenn sie/er etwas von mir möchte?
- Geht xy mit seinem/ihrem und fremdem Eigentum nicht gut um und achtet nicht auf die Umwelt *(ist also schlampig und achtlos)?*
- Ist xy nicht kritikfähig und sagt gerne, dass jemand anderes Schuld habe *(immer sind die anderen schuld)*?

Auf alle Personen, für die ich die Fragen in der Mehrheit mit „Ja" beantworten musste, hatte ich nun ein besonderes Augenmerk. Denn sie haben negative Züge, die überlebensfreundliche Ziele nicht unterstützen. Das Gleiche habe ich im entgegengesetzten Sinne gemacht. Ich habe Fragen gestellt wie z. B.: Unterstützt xy positive Vorschläge, Ideen oder Anmerkungen („Super Idee", „Mach das doch", „Ich helfe Dir" usw.)? Wichtiger Hinweis: Wenn ein oder zwei Punkte auf eine Person zutreffen, ist sie damit noch keine schlechte Person. Wenn jedoch mehr als 50 Prozent auf eine Person zutreffen, sollte man sich die Frage stellen, ob der Umgang mit ihr wirklich ratsam ist. Die Personen, die nach meiner Einschätzung mehr negative als positive Eigenschaften hatten, habe ich genauer beobachtet. Bei einer fiel mir etwas besonders auf. Es war ein Kollege, von dem ich den Eindruck hatte, der sei in Ordnung und „mit ihm könne man gut quatschen". In Wirklichkeit aber lästerte er gerne über andere. Das hatte ich vorher überhaupt nicht bewusst wahrgenommen. Er sagte z. B.: „Hast du auch gehört, dass Frau xy schon wieder einen neuen Freund hat? Sie hat ja ständig neue Typen … Ich möchte so eine Frau nicht als Freundin haben … Aber eigentlich ist sie ja unheimlich nett und man kann sich gut mit ihr unterhalten …" Jedes Mal, wenn er etwas Derartiges äußerte, fügte er zum Schluss etwas Positives hinzu, so dass vordergründig betrachtet nicht deutlich wurde, dass er der Person etwas Schlechtes nachsagen wollte. Dieser Kollege zählt auch zu jener Spezies, die jeden Verbesserungsvorschlag im Büro abwertet und gerne die Verantwortung anderen zuschiebt. Nachdem ich mich bewusster mit ihm unterhalten hatte, stellte ich zusätzlich fest, wie viel Energie er mich kostete. Ich fühlte mich nach den Gesprächen regelrecht „ausgesaugt". Dann machte ich für mich den entscheidenden Test. Ich erzählte dem Kollegen von meinem Kanada-Traum und war gespannt, wie er reagieren würde. Du glaubst nicht, mit wie vielen Bedenken er aufwartete! Und je mehr ich erzählte, umso mehr hat er auf die nette Art versucht mir zu erklären, warum es Quatsch sei und ich es nie schaffen würde. Inzwischen halte ich mich von dieser Person fern und bespreche mit ihr nur das Nötigste. Sie ist gefährlich für meine positive Einstellung zum Leben und für meine Bestellungen. Solche Personen rauben Dir nur Zeit, saugen Deine Energie ab und versuchen mit Gegenabsichten Deinen energetischen Fluss zu stören. Sie wollen nicht, dass Du erfolgreich bist, und würden es Dir neiden, wenn Du es doch schaffst. Sie würden alles daran setzen, Dein Umfeld ebenfalls zu beeinflussen, um Dich von Deinen Zielen abzubringen. Sie würden etwa zu Deinem Umfeld sagen: „Hast du gehört, dass Thorsten nach Kanada gehen will? Das ist doch totaler Quatsch, und für seine Kinder wäre es auch nicht gut, aus der Schule genommen zu werden" und so weiter und so weiter.

Der von mir beschriebene Typ Mensch sollte nicht Teil Deines direkten Umfeldes sein. Nun kann man sich Kollegen nicht aussuchen, Deine Freunde aber kannst Du sehr wohl richtig wählen. Meide die Pessimisten, Bedenkenträger und Verantwortungslosen. Das sind Menschen, die Dich vom Erreichen Deiner Ziele, Wünsche und Träume abhalten. Umgib Dich stattdessen mit Personen, die eine positive Grundeinstellung zum Leben haben und gerne anderen Menschen helfen. Sie werden Dich bei Deinen Bestellungen unterstützen und sich mit Dir über jede Bestellung freuen, die in Erfüllung gegangen ist.

„GEGEN DEN WIND ZU KREUZEN BRINGT EINEN MANCHMAL SCHNELLER ZUM ZIEL, ALS MIT DEM WIND ZU SEGELN."

HERMANN LAHM

Mein persönliches Umfeld hat sich nach dieser Aktion verkleinert. Ich habe plötzlich mehr Zeit, Energie und bin noch besser gelaunt, als früher. Und ich habe eines durch die Bestellungen gelernt: Du kannst wirklich alles im Leben erreichen, wenn Du nichts zwischen Dich und Deine Ziele kommen lässt. Die Stopps und Hindernisse bzw. Barrieren sind lediglich Deine eigenen Zweifel und die Fremdabsichten anderer Personen.

Es gibt viele Menschen, die aus einer extremen persönlichen Situation heraus ein glückliches Leben erreicht haben. Oft wird dann gesagt, dass es ein Wunder sei oder diese Person Glück gehabt habe. Dem ist nicht so, denn wenn Du genau hinschaust, haben diese Personen ein klares Ziel vor Augen gehabt und nichts zwischen sich und dieses Ziel kommen lassen. Sie hatten eine positive Grundeinstellung zum Leben und haben sich durch Zweifel und Hindernisse nicht vom Weg abbringen lassen. Es war einfach nur genug positive geistige Energie in ihnen und der Wille, ihr Ziel zu erreichen. Zudem hatten diese Personen in ihrem Umfeld Menschen, die positiv eingestellt waren und gerne geholfen haben. Genau das ist auch das „geheime" Rezept erfolgreicher Personen.

WENN DU ERFOLGREICHE PERSONEN ANSCHAUST UND ÜBERPRÜFST, WAS SIE ALLE GEMEINSAM HABEN, SIND ES MEIST DIE FOLGENDEN PUNKTE:

1. Sie haben eine Vision und klare Zielsetzung. Sie können sich ihr Ziel vorstellen, und das ist eine gute Ausgangsbasis für eine bewusste Bestellung ins Universum – der Energiestrahl ist klar und stark.

2. Sie haben einen starken Glauben an ihre Vision. Der Wille und die Absicht sind so groß, dass sie nicht aufgeben, wenn es einmal nicht so gut funktioniert.

3. Sie lassen sich nicht durch Grübeleien, sorgenvolle Gedanken oder Zweifel vom Weg abbringen – sie räumen Gegenabsichten beiseite und verlieren das Ziel nicht aus den Augen.

4. Sie bemühen sich um eine positive Stimmung bzw. Einstellung – selbst aus negativen Situationen ziehen sie Positives.

5. Sie übernehmen zu 100 Prozent die Verantwortung für das, was passiert, und begeben sich nicht in die Opferrolle (*„Ich kann nichts dafür … andere sind schuld an dieser Situation“ usw.*).

6. Sie sind dankbar für das, was sie haben, und freuen sich auch über Kleinigkeiten.

7. Sie sind von Menschen umgeben, die positiv eingestellt sind und gerne helfen.

Wenn wir ehrlich zu uns selbst sind, stellen wir fest, dass jeder einzelne Punkt in dieser Aufzählung eigentlich nichts Besonderes ist. Also: Was spricht dagegen, dass auch wir erfolgreich werden? Lass uns das Steuer in die Hand nehmen und los geht's!

Im nächsten Kapitel gehen wir in die Praxis und damit an die Umsetzung bewusster Bestellungen. Dort bekommst Du eine Anleitung, wie Du Deine Wünsche und Ziele schneller erreichen kannst. Zusätzlich zeige ich Dir, wie Du die Resultate überprüfen kannst, Bestätigung für Deine Bestellungen bekommst und eventuell fehlgeschlagene Bestellungen doch noch in einen Erfolg umwandelst.

„Leute mit Zielen sind erfolgreich, da sie wissen, wohin sie gehen.“

— EARL NIGHTINGALE

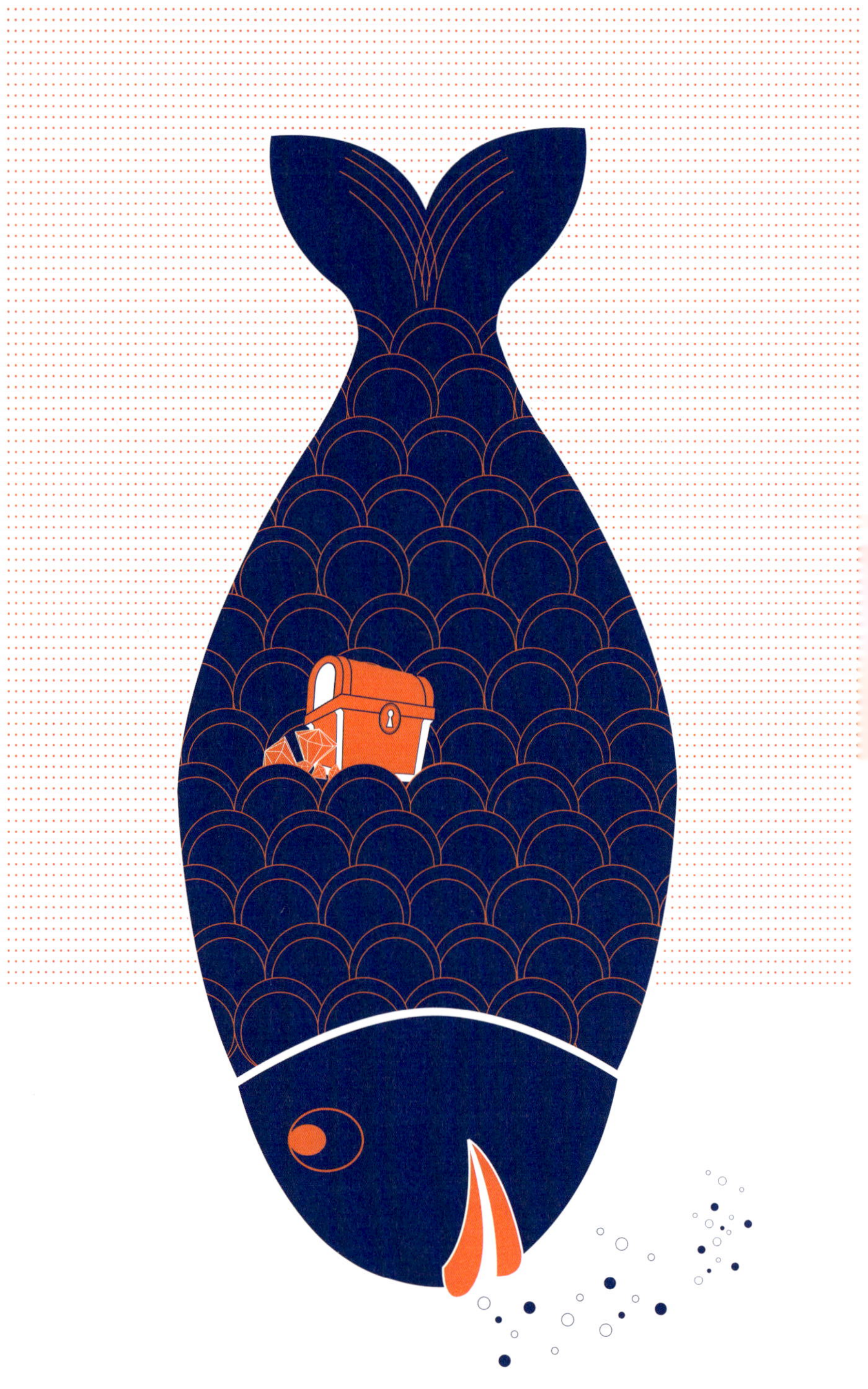

BESTELL DEIN GLÜCK – SO FUNKTIONIERT'S

Kapitel 07

Die Schatzkarte, die dir den Weg zu deinen Träumen zeigt

07

Die Ansichten, wie Bestellungen Wirklichkeit werden, gehen weit auseinander. So weit, dass man meinen könnte, es wäre schwer. Dem ist nicht so.

Eine Bekannte von mir sagt, ihre Bestellungen funktionieren nur, wenn sie diese abends im Bett aufgibt. Sie ist dann entspannt und schläft mit dem Gedanken bzw. der Bestellung ein. Mit dieser Methode hat sie die besten Erfahrungen gesammelt.
Meine Schwester schnippt mit den Fingern, nachdem sie eine Bestellung abgegeben hat.
Ein Arbeitskollege kniet sich auf einen bestimmten Teppich, wenn er seine bewussten Bestellungen formuliert.
Ich kenne auch jemanden, der seine Bestellungen singt.

Wenn ich eine Bestellung aufgebe, bedanke ich mich, und das Gleiche mache ich auch, wenn die Bestellung eingetroffen ist. Im Grunde sind es allesamt Rituale, basierend auf dem Glauben, dass die Bestellungen mit ihnen besser funktionieren. Das ist völlig okay, weil der Glaube sehr stark und somit der Energiestrahl intensiver ist. Oft habe ich gehört, dass man Bestellungen positiv formulieren sollte, Wörter wie „nicht" oder „kein" meiden und statt „Morgen wird es kein schlechtes Wetter geben" besser sagen sollte: „Morgen wird die Sonne scheinen und eine angenehme Temperatur von 23 Grad herrschen." Das ist keine schlechte Idee, weil jeder negative Gedanke gleichzeitig auch eine Bestellung ist. Daher kann es sicherlich nicht schaden, wenn man solche Aspekte in die Bestellungen mit einbezieht. Ich persönlich gehe mehr von der technischen Seite, der Frage der Energie, an die Sache. In einem Buch habe ich gelesen, dass man eine Bestellung nur einmal aufgeben sollte. Wenn ich sie mehrmals aufgäbe, würde das Universum „durcheinanderkommen" und meine erste Bestellung stoppen. Außerdem würden die nachfolgenden Bestellungen nur deshalb gemacht werden, weil man Zweifel habe. Daher könne die Bestellung zwangsläufig nicht funktionieren. Da kann ich Dich beruhigen. Das ist ein Aberglaube.

Alle Autoren und auch Nicht-Autoren, die an Bestellungen glauben und wissen, dass es funktioniert, stimmen darin überein, dass es mit geistiger Energie zu tun hat. Ferner wissen wir, dass, je mehr Energie ich einsetze, desto stärker wird die wirkende Kraft. (Definition von Energie)

Zwei Schüler, Peter und Jörg aus derselben Klasse, schreiben eine Arbeit in Mathematik. Beide wollen sich vorbereiten und beschließen, eine Woche vorher gemeinsam zu lernen, da sie beabsichtigen, die Note „sehr gut" zu erhalten. Was haben sie in diesem Moment getan? Sie wissen, dass eine Woche später die Arbeit geschrieben wird. Mit ihrem Entschluss gemeinsam zu lernen setzen sie die Bestellung „Wir werden die Note ‚sehr gut' erhalten". Sie sprechen drei Termine ab, an denen sie lernen wollen. Du siehst, der Energiestrahl (der Gedanke, die Idee, der Glaube und die Bestellung) wird jetzt immer stärker. Der erste Termin ist gekommen, beide sitzen zusammen, besprechen die Aufgaben und üben. Die geistige Energie („Wir bekommen die Note ‚sehr gut'") wird weiter verstärkt. Am Ende des Lernens sagen sich beide: „Wir werden die Note ‚sehr gut' erhalten." Sie haben die Bestellung erneut aufgegeben. Der zweite Termin kommt und Jörg sagt ab, weil er keine Lust hat. Peter hält seine Bestellung aufrecht und schaut sich die Aufgaben an, setzt geistige Energie ein, um sein Ziel zu erreichen. Am Ende seiner Übungsstunde hat Peter die Gewissheit, dass er die Note „sehr gut" erhalten wird. Zum dritten Termin sagt Jörg wieder ab und Peter lernt erneut allein. Was denkst Du, welcher Energiestrahl der beiden Schüler stärker ist?

Du hast recht, der Tag der Klassenarbeit kommt und Peter, der seine Bestellung aufrechterhalten hat, schreibt tatsächlich die Note „sehr gut", Jörg dagegen schreibt immerhin ein „gut", weil er die Bestellung ursprünglich auch aufgegeben hatte. Kurz vor der Klassenarbeit sind ihm Zweifel gekommen, weil er dachte: „Hoffentlich bekomme ich eine Eins. Ich hätte vielleicht doch mit Peter lernen sollen. Hoffentlich reicht mein Wissen nun aus." Was ist in diesem Moment passiert? Er hat Zweifel bekommen und schon sind die Gegenabsichten da. Einen dritten Klassenkameraden habe ich noch nicht erwähnt. Er heißt Hans, und er hatte sofort den Gedanken „Ich schreibe die Note ‚sehr gut'", als bekannt gegeben wurde, dass die Klassenarbeit anstand. Er hatte keine Zweifel geschweige denn darüber nachgedacht, dass er eventuell vorher noch lernen müsse. Daher schrieb Hans ebenfalls die Note „sehr gut".

FAZIT

Hans hat durch geistige Energie sein Ziel erreicht. Peter hat durch geistige und mechanische Energie mehrmals seine Bestellung verstärkt und sein Ziel erreicht, weil er keine Zweifel hatte. Jörg war auch auf einem guten Weg. Er bekam nur kurz vor der Klassenarbeit Zweifel, setzte damit Gegenabsichten und schrieb daher nur die Note „gut".

DIE WICHTIGSTE GRUNDLAGE FÜR EINE ERFOLGREICHE ANWENDUNG VON BESTELLUNGEN IST:

Bestellungen bestehen aus Energie und funktionieren.

Sobald du den Glauben an die Kraft Deiner Bestellungen gefunden hast, entfesselst du ihr volles Potential. Für die Meisten ist Glaube aber ein Prozess, der Zeit braucht. Du wirst dann mehr mit der mechanischen Energie arbeiten, wie z. B. Peter. Auch durch mechanische Energie kannst Du Deine Ziele und Wünsche erreichen. Es dauert möglicherweise nur etwas länger. Dieser Punkt ist so wichtig, dass ich an dieser Stelle noch näher darauf eingehen möchte.
Nehmen wir einmal an, dass es keine „höhere Macht" gibt. Es gibt

niemanden im Universum, der Deine Wünsche oder Ziele abarbeiten bzw. ausführen wird wie in einer Fabrik. Wer soll also z. B. Deinen Wunsch „Ich möchte gerne einen tollen Mann bzw. eine tolle Frau kennenlernen“ verwirklichen? Du bist die „höhere Macht“ und erfüllst Dir Deinen Wunsch selbst. Du kreierst Dein Universum mit allem, was darin passiert. Du hast die Grundidee bzw. die Bestellung „Ich werde einen tollen Mann bzw. eine tolle Frau kennenlernen“ ins Universum gesetzt. Je mehr geistige und mechanische Energie Du darauf legst, umso schneller wird der Wunsch Realität werden. Du malst Dir vor Deinem geistigen Auge aus: Wie sollte der Mann/die Frau aussehen, was macht er/sie beruflich, wie sollten seine/ihre Charaktereigenschaften sein, was für Hobbys und Interessen sollte er/sie haben usw. Damit Deine Bestellung gut und schnell funktioniert, überlegst Du, was dieser Mann/diese Frau alles an Dir toll finden wird und wann Ihr Euch spätestens kennenlernen solltet. Je mehr Du Dir all dies „ausmalst“ und auch mechanische Energie hineinpackst – etwa in Form der Anmeldung bei einem Flirt-/Partner-Portal oder häufigerer Ausgeh-Abende mit Freundin oder Freund –, umso schneller wird Deine Bestellung in die Realität umgesetzt.

Eine gute Freundin von mir ist seit längerer Zeit ohne feste Bindung. Sie ist der Meinung: „Ach, es gibt sowieso nicht den richtigen Mann, und alle Männer sind ohnehin Schweine. Die wollen immer nur das Eine.“ Permanent bestellt sie so das Negative und setzt sich selbst die Grenzen. Ich habe sie einmal gefragt, wie viele „schlechte“ Männer sie denn bereits näher kennengelernt hat, um zu so einer Schlussfolgerung zu kommen. Sie sagte, es seien vier gewesen und von Mann zu Mann sei es schlimmer geworden. Außerdem seien die „guten“ Männer alle verheiratet und sie bekomme mit 38 Jahren keinen mehr ab. Sie fügte noch hinzu, dass Männer in ihrem Alter sowieso nur jüngere Frauen haben wollten. Jetzt betrachten wir einmal völlig wertneutral ihre Aussagen. Sie redet in groben Verallgemeinerungen, alle Männer seien

„Schweine", alle Männer wollten nur Sex, die „guten" Männer seien alle verheiratet und die in ihrem Alter suchten nur jüngere Frauen. Das Schlimmste, das sie sich selbst antut, ist, dass sie genau diese negativen Eigenschaften permanent bestellt. Jeder Mensch kreiert sich sein Universum selbst, und daher schafft sie es auch immer wieder, sich ausgerechnet solche Typen anzulachen, die ihren negativen Erwartungen entsprechen. Du siehst, ihre Bestellungen funktionieren sehr gut.

Es ist eben wirklich so: Wir bestellen permanent. Jeder Gedanke oder jede Idee ist eine Bestellung und beinhaltet immer Energie. Und je mehr Energie Du darauf verwendest, umso wahrscheinlicher wird es, dass Du genau das bekommst, was Du bestellst. Um nun meiner Freundin zu helfen, bin ich auf die einzelnen Punkte eingegangen. Ich habe sie gefragt, wie viele Beziehungen sie in ihren 38 Jahren in etwa gehabt hat, die länger als sechs Monate hielten. Es waren, inklusive ihrer großen Jugendliebe, neun längere Beziehungen. Dann habe ich sie gefragt, wie viele dieser Männer wirklich „Schweine" waren und nur an sich gedacht haben. Nach kurzem Zögern sagte sie mir, dass es eigentlich nur die letzten beiden Beziehungen gewesen seien. Daraufhin fragte ich sie, wie viele ihrer Partner nur auf Sex fixiert waren. Sie entgegnete, so richtig eigentlich nur die Beziehung mit dem letzten Mann. Wir erörterten im weiteren Gespräch, welche positiven Eigenschaften die einzelnen Männer hatten. Am Schluss stand bei ihr die Erkenntnis, dass man nicht alle Männer in einen Topf schmeißen sollte, da es doch erhebliche Unterschiede gibt. Damit änderte sich ihre Grundeinstellung zu Männern wieder. Ich habe mit ihr anschließend über Bestellungen gesprochen. Sie merkte plötzlich, dass sie sich die Fehlgriffe mit Männern selbst bestellt und sie demgemäß bekommen hatte. Ihre Grundeinstellung zu Männern hat sich seitdem total geändert. Sie setzte sich hin und bestellte sich einen Traummann. Ich war beeindruckt, wie genau sie sich diesen Mann vorgestellt hat, mit all seinen gewünschten Eigenschaften. Und sie ging mit einer neuen Einstellung auf die Männerwelt zu. Innerhalb von zwei Monaten hatte sie eine neue Beziehung, die fast drei Jahre hielt. Ihre Bestellung war wohl noch etwas zu ungenau gewesen. Aber sie sagt im Nachhinein, dass es eine gute Beziehung gewesen sei, die nur wegen zu unterschiedlicher Zukunftspläne nicht gehalten habe; sie bereue keinen Tag. Interessant an diesem Beispiel ist, wie man sich aufgrund von negativen Erfahrungen seine Zukunft verbauen und permanent das Falsche bestellen kann. Meine Freundin hatte nach dem letzten Erlebnis in einer schlechten Beziehung negative Bestätigungen erhalten und kam auf die dumme Idee, dass alle Männer „Schweine" seien. Sie setzte daraufhin immer wieder neu die Bestellung: „Siehst Du, habe ich doch recht gehabt, der Mann war auch wieder ein Schwein." Doch als sie verstanden hat, dass es nur grobe Verallgemeinerungen waren und dass man das Negative auch ins Positive wenden kann, hat es Klick gemacht. Sie führt heute ein wesentlich besseres und glücklicheres Leben. Die Grundeinstellung zum Leben sollte positiv sein, damit auch die Wünsche und Ziele schneller in Erfüllung gehen. Wirf alle negativen Gedanken über Bord und bring Dein Glück in Fahrt! Auch meinen Kindern schärfe ich immer wieder ein, dass die richtige Einstellung bereits der halbe Erfolg ist.

Kommen wir nun auf die aktive Anwendung zurück. Du brauchst zuerst die Gewissheit und den Glauben, dass Bestellungen funktionieren. Das erreichst Du, indem Du entweder bereits überzeugt bist, weil Dir eigene Beispiele einfallen (Du hast etwas bestellt und es ist eingetreten), oder indem Du jetzt ein paar Bestellungen aufgibst und schaust, wie viele davon eintreten werden. Schauen wir uns einmal an, wie Du unkompliziert an eine Bestellung herangehen kannst und worauf Du achten solltest. Bestelle Dir etwas, das Du Dir vorstellen kannst, und formuliere es in Gedanken. Wähle irgendetwas Positives, das Dir gerade in den Sinn kommt.

BEISPIELE FÜR EINFACHE BESTELLUNGEN

1. „Morgen werde ich einen entspannten Tag haben."
2. „Morgen werde ich im Büro einen tollen Tag haben."
3. „Morgen werde ich einen super entspannten Tag haben und alle Kollegen sind sehr nett zu mir."

Zuerst kommt der Gedanke und man formuliert für sich aktiv eine grobe Bestellung. Dann fängst Du an, Dir diese Idee geistig „auszumalen". Stell Dir vor, wie genau Dein Tag morgen abläuft. Kreiere Deinen tollen Tag im Büro. Stell Dir vor, wie morgen die Sonne scheint, wenn Du aus dem Haus gehst, Du keinen Stau auf dem Weg zur Arbeit hast, alle Menschen, denen Du begegnest, lächeln und freundlich sind. Lass Deinen Gedanken freien Lauf. Wenn Du Dir nur die Dinge vorstellst, die für Dich realistisch sind, bist Du auf einem guten Weg. Nehmen wir das Beispiel „Ich habe freie Fahrt zur Arbeit". Wenn Du jeden Tag, aufgrund hohen Verkehrsaufkommens, drei Kilometer im Stau stehst, dann bringt es nichts, wenn Du Dir vorstellst, dass es gar keinen Stau gibt. Denn in dem Fall hast Du bereits Zweifel und Deine Bestellung wird nicht zu 100 Prozent funktionieren. Besser wäre es, wenn Du Dir vorstellst, dass der Stau anstatt der üblichen drei nur einen Kilometer lang ist. Ich möchte damit sagen, dass Du Dir Deinen morgigen Tag so ausmalen solltest, wie Du es für Dich selbst „sehen" kannst. Wir möchten am Anfang erst sicherstellen, dass Du positive Erfahrungen sammelst, um Sicherheit beim Bestellen zu bekommen. Nachdem Du Dir den morgigen Tag geistig richtig schön gestaltet hast, schickst Du die Bestellung mit einem Ritual ab. Das könnte sein, dass Du Dir z. B. bewusst sagst: „Ich bestelle mir für morgen, dass ich einen tollen Tag haben werde." Ich schwöre Dir, wenn Du bei Deiner Bestellung keine Zweifel und ein gutes Gefühl hattest, wird Dein Tag großartig werden. Schauen wir uns noch einmal kurz an, was Du während Deiner Bestellung getan hast. Du hattest eine positive Grundeinstellung. Du hattest eine Idee, wie der morgige Tag werden soll. Dies war der erste Energiestrahl, den Du in Dein Universum geschickt hast. Durch das genaue Kreieren des Tages hast Du den Energiestrahl verstärkt. Du hast Deine Bestellung bewusst abgeschickt und dabei wieder ein gutes Gefühl gehabt. Ferner hast Du den Tag bereits geistig „durchlebt". Du kreierst Dein Universum und damit Deine Zukunft selbst. Daher wird diese Bestellung auch in Erfüllung gehen.

Übrigens, keine Sorge. Die Sache mit dem staufreien Fahren wirst Du als geübte Bestellerin bzw. geübter Besteller auch noch hinbekommen. Warum? Ganz einfach. Wir fangen als Erstes mit Bestellungen an, die keine Gegenabsichten (eigene Zweifel) oder Fremdabsichten (Bestellungen anderer Menschen) enthalten. Stell Dir einmal vor, wie viele Autos mit Insassen in diesem drei Kilometer langen Stau stehen. Ich möchte nicht wissen, wie viele davon morgens ins Auto steigen und bereits negativ bestellen: „Mist, jetzt stehe ich gleich wieder im ewig langen Stau." Das sind die Fremdabsichten und Gegenbestellungen im Universum. Ich bin davon überzeugt, würden alle mit einer positiven Einstellung („Kein Stau zur Arbeit") ins Auto steigen, gäbe es keinen Stau. Das mag Dir jetzt ein wenig irreal erscheinen, aber wenn Du erst einmal sehr viele bewusste Bestellungen gemacht und die Ergebnisse gesehen hast, wirst Du mir recht geben.

Viele Bestellungen haben mit materiellen Waren zu tun. Die Werbung manipuliert uns dahingehend, dass wir ständig konsumieren sollen. Daher bleibt es nicht aus, dass man von so manchen Dingen träumt, die man gerne besitzen möchte. Man kann sich dem auch nicht vollständig entziehen. Ich sehe es an meinen Kindern. In der Schule wird ein bestimmter Trend ausgelöst, und alle wollen dabei sein. Bestellen wir uns nun einmal etwas Materielles. Nehmen wir als Beispiel ein Handy bzw. Smartphone. Gerade für solche Konsumgüter wird extrem viel Werbung gemacht. Ferner ist ein solches Gerät inzwischen ein „wichtiges" Statussymbol. Ich besitze beispielsweise ein älteres iPhone und bin mit diesem Gerät zufrieden. Mittlerweile gibt es bereits das iPhone in einer neueren Generation. Du glaubst gar nicht, wie oft ich schon gefragt wurde, warum ich mir nicht ein neues iPhone „hole". Selbst mein 13-jähriger Sohn fragt mich, warum ich so ein altes Handy benutze. Für die Leser, die sich nicht so gut mit Smartphones auskennen: Ein iPhone ist ein gutes Gerät, das viele praktische Funktionen bietet, aufgrund von Marketing und Image aber auch relativ teuer ist. Es gibt gleichwertige Handys, die günstiger sind und teilweise bessere technische Funktionen haben. Aber wie heißt es so schön: Marketing ist alles, und daher gilt ein iPhone als Statussymbol und kostet dementsprechend viel. Eigentlich war ich mit meinem alten Smartphone noch sehr zufrieden. Es reichte für meine Bedürfnisse völlig aus. Aber der Gruppendruck, das Statusdenken wurde immer größer, und da selbst mein Sohn sagte, dass ich ein neues Handy bräuchte, entschied ich mich eines zu bestellen. Meine Bestellung lautete wie folgt:

„BIS SPÄTESTENS ZUM XY BESITZE ICH EIN IPHONE DER NEUESTEN GENERATION IN DER FARBE SCHWARZ, OHNE DASS ICH ES BEZAHLEN MUSS."

Wie bin ich an meine Bestellung herangegangen? Ich beschreibe jetzt das Vorgehen, mit dem ich ganz zu Anfang meine bewussten Bestellungen ins Universum abgeschickt habe. Heute reicht es aus, den Gedanken zu haben, es mir geistig vorzustellen und abzuschicken. Ich zeige aber nachfolgend bewusst den geistig-mechanischen Weg auf, damit Du sehen kannst, wie sich der Energiestrahl entwickelt.
Bei meinen Überlegungen, was ich Dir als materielles Beispiel in diesem

Buch präsentieren könnte, schoss mir der Gedanke durch den Kopf: „Ahhh, das iPhone wäre ein gutes Beispiel." Daraufhin habe ich mir die Frage gestellt: Möchte ich das Smartphone wirklich haben? Ich bin zu dem Ergebnis gekommen, dass ich es eigentlich nicht brauche, es aber nett wäre, es zu besitzen. Beim Schreiben dieser Zeilen bin ich ins Internet gegangen, um es mir anzuschauen. Ich habe das Design betrachtet, die technischen Daten und Kommentare von Journalisten und Nutzern gelesen. Ich konnte mir nun gut vorstellen, wie das Gerät aussieht und was man damit alles machen kann. Am Ende habe ich die Überzeugung gewonnen, dass es ein gutes Gerät ist. Als ich den Preis ohne Telefonvertrag gesehen habe, kamen indes Zweifel auf. Meine Güte, so ein Preis für ein Handy! Ist mir dieses Gerät so viel wert? Da ich aber vorher das Handy für mich visualisiert hatte und meine Begeisterung für dessen technische Möglichkeiten gestiegen war, schoss mir der Gedanke durch den Kopf, dass ich das Gerät ja nicht selbst bezahlen muss. Es wäre doch schön, wenn ich es gewinnen würde, geschenkt bekäme oder als Prämie erhalten würde.

Meine Gegenabsichten oder eigenen Zweifel waren wieder beiseitegeschoben und ich stellte mir vor, wie ich dieses Gerät bediene und mich daran erfreue. Ich legte mich auf die Farbe fest und auf das Datum, bis wann diese Bestellung in Erfüllung gehen bzw. in die Realität umgesetzt sein sollte. Auch bei der Fristsetzung habe ich mir Zeit gelassen. Was wäre ein realistischer Zeitraum, um dieses Gerät zu bekommen? Ein Tag, eine Woche, ein Monat? Irgendwann hatte ich ein gutes Gefühl bei der Vorstellung von drei Monaten. Es ist sehr wichtig, dass Du Deine Bestellung gut vor Deinem inneren Auge sehen kannst und ein gutes Gefühl hast, ohne irgendeinen Zweifel. Es war also ein gutes Gefühl, und ich schickte meine Bestellung bewusst ab. Mein Energiestrahl ins Universum wurde durch das Kreieren immer größer, und so konnte sich das neue Smartphone im physikalischen Universum manifestieren.

IN DER KURZVERSION PASSIERTE FOLGENDES:

1. Zuerst war die Idee da.
2. Dann habe ich sie grob benannt.
3. Durch das Visualisieren und die Recherche im Internet stieg der Wille, mit dem Resultat: „Habenwollen".
4. Wenn Gegenabsichten/Zweifel aufkamen, habe ich überlegt: Wie können diese eigenen Bedenken beiseitegeschoben werden? Welche Lösung wäre realistisch?
5. Ich habe den Zeitfaktor festgelegt *(Bis wann besitze ich das Handy?)*.
6. Dann habe ich geistig mit dem Handy gespielt, als wäre es bereits in meinem Besitz.
7. Zum Schluss habe ich die Bestellung bewusst abgesendet.

In der aktiven, bewussten Anwendung von Bestellungen ist das „Habenwollen" ein nicht unwesentlicher Faktor. Wenn Du es nicht wirklich haben möchtest oder es nicht haben kannst, werden Deine Bestellungen entsprechend ausfallen. Diesen Faktor könntest Du z. B. erhöhen, indem Du Dir ein Fotobuch erstellst. Durch das Aufschreiben und Visualisieren von Bestellungen wird das „Habenwollen", also der Wille und die Absicht, sehr groß. Hierdurch erschaffst Du einen sehr starken Energiestrahl, der ins Universum gesendet wird. Ich habe mich hingesetzt und mir eine Liste meiner Ziele, Wünsche und Träume erstellt. Anschließend bin ich ins Internet gegangen und habe mir Fotos zu meinen einzelnen Wünschen herausgesucht. Eines meiner Ziele ist es, mit meiner süßen Frau unseren 25. Hochzeitstag auf Hawaii zu verbringen. Also habe ich mir Bilder der Insel, der Strände und der inseltypischen Dinge aus dem Internet heruntergeladen und in mein Fotobuch kopiert. Wenn Du so ein Buch zu Deinen Zielen, Wünschen und Träumen anfertigst, wirst Du eine unglaubliche POWER bekommen. Übrigens, ich besaß das bestellte iPhone nach einem Monat. Ich erhielt einen Anruf von meinem Telefonanbieter. Mir wurde erklärt, dass ich in einen neuen, günstigeren Tarif wechseln und meine Telefonrechnung weiter reduzieren könnte. Zusätzlich erhalte ich eine Prämie und könne mir ein neues Telefon aussuchen: Zur Auswahl stand u. a. das iPhone ohne Mehrkosten. Im Gegenzug würde sich mein Vertrag verlängern. Da ich mit meinem Telefonanbieter zufrieden war und sich zudem meine Gesprächskosten reduzieren würden, habe ich zugeschlagen und das Angebot angenommen. Mein Sohn hat vergeblich versucht, mir das neue Smartphone abzuschwatzen.

Kommen wir nun zurück zu dem Thema, wie man sich selbst das Leben schwer macht, indem man die falschen Bestellungen aufgibt, und wie man sie besser durchführen kann. Ein Bekannter von mir ist selbstständig und sehr fleißig. Steuern zahlt er allerdings nicht gern. Er schimpft immer wieder über das Finanzamt, die Steuerungerechtigkeiten und -verschwendungen. Fortwährend beschäftigt er sich damit, wie er Steuervorteile nutzen kann oder wie er es vermeidet, Steuern zu bezahlen. Er hat bereits viel Geld mit sogenannten „Steuermodellen" verloren. Denn abgesehen davon, dass er für dieses Thema unheimlich viel Zeit aufwendet, ist der Faktor Zeit selbst auch Geld. Sein Business läuft mittelprächtig, und es gibt Angestellte, die mehr verdienen als er. Was macht er nun permanent falsch? Er setzt wieder und wieder die Bestellung ins Universum, dass er keine Steuern bezahlen will. Dies funktioniert auch hervorragend, denn er verschwendet seine wertvolle Zeit und verliert ständig Geld durch die Steuermodelle. Er bezahlt infolgedessen relativ wenig Steuern – hat aber Stress, Verluste und verdient unter dem Strich weniger, als wenn er seine Steuern direkt bezahlen würde. Er müsste lediglich seine Grundeinstellung zu Steuern ändern. Besser wäre noch, er würde sich freuen, wenn er Steuern bezahlt. Denn wenn er Steuern bezahlt, hat er auch Geld verdient. Und je mehr Steuern er bezahlt, umso mehr Geld hat er verdient. An diesem Fall kannst Du sehen, wie machtvoll Bestellungen sind und was passieren kann, wenn man nicht „haben kann".

Das Ziel einer ehemaligen Kollegin war es wohlhabend zu werden. Ein in naher Aussicht stehendes Erbe erfüllte ihren Wunsch. Als ihr Vater starb, bekam sie einen Teil des Erbes ausbezahlt. Es dauerte keine fünf Monate und sie hatte 150.000 Euro ausgegeben, ohne sich bleibenden Werte zu schaffen. Sie war ständig damit beschäftigt, modische Kleidung zu bestellen, teure Urlaube zu genießen und die Partywelt zu beehren. Sie war gebildet, hatte eine kaufmännische Ausbildung in einer Bank absolviert und konnte sehr gut rechnen. Am Ende war sie sehr niedergeschlagen und fragte mich, wie es dazu kommen konnte, dass sie alles verloren hatte, obwohl sie nicht dumm war. In einem längeren Gespräch stellte sich heraus, dass sie Geld nicht „haben kann". Wenn sie in die Stadt ging und z. B. 250 Euro dabeihatte, shoppte sie so lange, bis das Geld ausgegeben war. Sie sagte, es sei wie ein innerer „Zwang". Es wäre nun leicht zu sagen: „Sie kann einfach nicht mit Geld umgehen." Das eigentliche Problem liegt jedoch darin, dass sie von der Idee „Ich muss das Geld ausgeben" getrieben wird. Sie kann, einfach gesagt, „Geld nicht haben". Dessen ungeachtet könnten ihre Bestellungen trotzdem bis zu einem bestimmten Grad funktionieren. Sie könnte es schaffen, immer wieder zu Geld zu kommen. Allerdings würde sie es im Anschluss auch immer wieder verlieren. Ich möchte Dir mit diesen Beispielen sagen, dass es Gründe gibt, warum Bestellungen nicht funktionieren. Gerade materielle Güter sollte man auch wirklich haben wollen. Der Wille zu etwas ist ein starker Energiestrahl, um Ziele und Wünsche in die Realität umzusetzen. Bei meiner Bestellung des Smartphones hast Du gesehen, dass ich den Zeitfaktor eingebunden habe. Nachdem ich die Entscheidung getroffen hatte, dieses Buch zu schreiben, und mich in der Vorbereitung intensiv mit dem Thema auseinandersetzte, gehörten zu meiner Recherche auch Interviews mit Gleichgesinnten. Ich habe viele Leute befragt, wie sie über geistige Energie denken, ob sie bewusste Bestellungen ins Universum absenden, wie sie es genau machen, welche Erfahrungen sie gemacht haben usw. Danach habe ich die Antworten ausgewertet und geschaut, wo es die meisten Übereinstimmungen gab. Ein Punkt war, dass man einen Zeitpunkt definieren sollte, bis wann die Bestellung sich im physikalischen Universum manifestiert haben sollte. Wenn ich kein festes Datum angebe und es keine Zweifel oder Gegenabsichten gibt, wird die Bestellung in Erfüllung gehen. Die Frage ist nur: Wann wird sie in Erfüllung gehen? Sie kann zu früh kommen oder aber viel zu spät.

Mein Freund Mustafa ist Immobilienmakler. Er hat sich auf Vermietungen spezialisiert und macht seinen Job sehr gut, und er ist außerdem sehr fleißig. Er ist auch deshalb so erfolgreich, weil er das Ziel hat, ein Porsche zu besitzen. Es ist ein sehr teures Auto, dafür muss er lange sparen. Mit diesem großen Ziel vor Augen arbeitet er jeden Tag sehr hart, und es ist beeindruckend, wie viel Energie er in seinen Traum steckt. Allein durch seinen enormen Willen müsste er längst sein Traumauto besitzen. Leider passieren ihm aber die unmöglichsten Dinge, wodurch sein Erspartes immer wieder schrumpft. Eigentlich macht er unbewusst alles richtig, um sein Traumauto zu bekommen. Er hatte die Idee, hat sich viel mit diesem Auto beschäftigt und seinen Traum visualisiert. In seiner Stadt und Umgebung ist er bei Autohäusern bekannt wie kein anderer Interessent. Er darf inzwischen keine Probefahrten mehr machen, weil die Verkäufer denken, er kaufe ja sowieso nicht. Mustafa hat anscheinend auch keinerlei Gegenabsichten und will das Auto wirklich haben. Fremdabsichten scheint es aus dem unmittelbaren Umfeld auch nicht zu geben, etwa dass seine Frau denken könnte: „So ein Auto brauchen wir nicht“, oder Freunde es ihm nicht gönnen. Die Fremdabsichten würden wahrscheinlich keine große

Wirkung ausüben, weil er selbst seine Bestellung permanent aufrechterhält. Eigentlich kann die Problematik Mustafas nur am Zeitfaktor hängen. Er hat nie den genauen Zeitpunkt bestimmt, bis wann das Auto spätestens in seinem Besitz sein soll. Ich habe keinen Zweifel, dass er sein Traumauto irgendwann besitzen wird. Die Frage ist nur, wann es so weit sein wird. Oftmals habe ich von Freunden gehört: „Ich habe meine Bestellung genau so abgesendet, wie Du es mir geraten hast. Aber es ist nicht eingetreten." Wenn sie jedoch erzählt haben, was und wie sie bestellt haben, fehlte meist die Zeitangabe, bis wann ihre Wünsche Realität sein sollten.

TIPP

Ich bestelle immer mit dem Zeitfaktor „bis spätestens xx.xx.xxxx". Somit halte ich die zusätzliche Möglichkeit offen, dass die Erfüllung einer Bestellung auch schon früher eintritt. Aber Vorsicht: Überlege Dir genau, wann Du diese Formulierung wählst, denn die Erfüllung einer Bestellung kann auch zu früh eintreten.

Meine Frau arbeitet als Nachhilfelehrerin in einer Privatschule. Dort hilft man Schülern durch eine bestimmte Lernmethode, Verbesserungen in verschiedenen Fächern zu erzielen. Unsere Kinder sind dadurch sehr gut in der Schule geworden. Meine Frau arbeitet schon einige Jahre in dieser Schule und es macht ihr sichtlich Freude, mit Kindern zu arbeiten. Vor ein paar Jahren habe ich sie gefragt, ob sie nicht selbst eine kleine Schule eröffnen möchte, weil es sich bei dieser Art von privaten Nachhilfeschulen um ein Franchise-Unternehmen handelt. Meine Frau hat sich mit

Händen und Füßen dagegen gewehrt, weil es ihr gar nicht um ein höheres Einkommen ging. Sie argumentierte auch, dass sie dann zu viel Arbeit habe, eine große Verantwortung, ungeliebte Buchhaltung usw. Lange Rede, kurzer Sinn: Sie hat Spaß daran, Kindern etwas beizubringen, und das erfüllt sie sehr.

Als ich mit aktiven Bestellungen begann und aus der eigenen Praxis heraus mit dem Logbuch angefangen habe, füllte es sich mit sehr vielen Bestellungen. Das Logbuch ist deshalb eine Sammlung von Bestellungen, die ich aktiv und bewusst aufgegeben habe. Das Logbuch ist ein sehr gutes Hilfsmittel, um Deine Träume und Wünsche schneller Wirklichkeit werden zu lassen. Die Details erkläre ich Dir im nächsten Kapitel. In mein eigenes Logbuch habe ich viele Bestellungen geschrieben. Für meine Frau habe ich irgendwann eigenmächtig bestellt, dass sie ihr eigenes Lerncenter eröffnet. Bei der Bestellung habe ich den Zeitfaktor bestimmt mit „spätestens bis zum …". Eigentlich erschien mir ein Zeithorizont von etwa zwei Jahren realistisch. Nun passierte das Unglaubliche. Meine Frau sprach mich vier Monate nach meiner Bestellung an, sie habe sich überlegt, doch eine eigene private Nachhilfeschule zu eröffnen. Ich war völlig von den Socken, wie machtvoll Bestellungen sein können. Ich hatte ihr nie von der Bestellung erzählt, um eventuelle Gegenabsichten zu verhindern. Meine Frau hatte sich früher gegen ihre eigene Schule ausgesprochen, sie hatte abgeblockt, als ich sie darauf angesprochen hatte. Nun machte sie mir Druck und konnte es gar nicht abwarten. Aus beruflichen Gründen, wegen verschiedener Projekte und wegen dieses Buchs hatte ich eigentlich keine Zeit, mich um die Organisation und Planung des neuen Lerncenters zu kümmern. Aber meine innere Stimme sagte mir, dass es das Richtige sei, sich vorerst diesem neuen Projekt zu widmen. Außerdem musste ich auch Verantwortung übernehmen, denn ich hatte schließlich diese Bestellung aufgegeben. Ich empfahl meiner Frau, ihr Ziel zu visualisieren und eine Collage zu erstellen, wie sie sich

„ihre Schule“ vorstellte – mit allem, was dazugehört. Wir haben gemeinsam Bilder lernender Kinder, von Gebäuden, Schultischen, Logos usw. im Internet gesucht und eine große Collage erstellt. Meine Frau hängte dieses Bild ins Schlafzimmer und hatte jedes Mal ein gutes Gefühl, wenn sie es sah. Es vergingen ungefähr vier Wochen, in denen ich wegen meines Alltagsstress nicht mehr häufig an das Schul-Projekt dachte. Außerdem wusste ich noch nicht, wie wir die finanziellen Mittel besorgen sollten und was man benötigt, um eine solche Schule zu eröffnen.

Eines Abends erzählte mir meine Frau, dass sie sich mit einer anderen Lehrerin, die Leiterin einer Privatschule war, auf einen Kaffee getroffen habe. Dieser Dame hatte sie offenbart, dass sie irgendwann auch gerne eine eigene Schule eröffnen würde. Meine geliebte süße Frau hatte vorher nie mit einem fremden Menschen darüber gesprochen. Sie hatten sich zuerst allgemein über das Thema unterhalten, und meine Frau erwähnte, dass wir gar nicht wüssten, wie viel man investieren müsse und ob wir das Geld aufbringen könnten, schließlich müsste man eine Lizenzgebühr bezahlen, Räume anmieten, Möbel kaufen, Werbung treiben usw. Nun passierte etwas Verblüffendes. Die Dame entgegnete meiner Frau, dass das doch kein Problem sei. Meine Frau liebe es, Kindern etwas beizubringen, habe viele Jahre Erfahrung, und bei den Investitionen würde sie ihr helfen.

Ist es nicht unglaublich, dass eine „fremde“ Person, die Dich ein paar Mal gesehen hat, Dir so ein Angebot unterbreitet? An diesem Beispiel kannst Du sehen, wie machtvoll bewusste Bestellungen sind und wie es sich auswirken kann, wenn man sie zusätzlich visualisiert. In unserem Fall hatte ich das Datum nicht genau vorgegeben. Aber die Situation kam schneller, als ich dachte. Dann überschlugen sich die Ereignisse, weil wir auf unsere innere Stimme gehört hatten, und die Bestellung erfüllte sich schneller als ursprünglich erwartet. Du wirst feststellen, je

„WER ALL SEINE ZIELE ERREICHT HAT, HAT SIE SICH ALS ZU NIEDRIG AUSGEWÄHLT."

HERBERT VON KARAJAN

geübter Du bist bzw. je mehr Du auf der geistigen Ebene operierst, umso beeindruckender sind die Ergebnisse.

Es hat daher auch mit Verantwortung für Dich und Dein Umfeld zu tun. Für Verantwortung gibt es diverse Definitionen. Eine könnte lauten: „die Auswirkungen des eigenen Handelns voraussehen". Deine Ziele, Wünsche und Träume werden durch diese Technik in Zukunft sehr schnell umgesetzt werden und daher musst Du Verantwortung für Deine Mitmenschen übernehmen. Hilf ihnen, ebenfalls schneller ihre Ziele, Wünsche und Träume zu erreichen, und verhindere, dass durch Missgunst oder Fremdabsichten Gegenbestellungen gesetzt werden. Es ist wirklich ein gutes Gefühl, anderen Menschen zu helfen – eine „Win-win-Situation" für Dich und die Person, der Du die Methode des bewussten Bestellens beibringst. Überdies verstärkst Du Deinen Energiestrahl, indem andere Menschen für Dich mitbestellen. Das Wichtigste ist, dass Du es tust, damit mehr Menschen auf der geistigen Ebene wirken. Damit verbessert jeder sein eigenes Leben und das seines Umfeldes.

Erkläre ihnen, was aktive Bestellungen ins Universum und geistige Energien sind. Berichte ihnen von Deinen eigenen positiven Erfahrungen und zeige ihnen die Berichte und Erfahrungen fremder Menschen, z. B. auf meiner Facebook-Seite.

www.facebook.com/daslogbuch

Meine Schwester und ich tauschen uns intensiv aus und erzählen uns von unseren Bestellungen. Gegenseitig unterstützen wir unsere Bestellungen und verstärken hierdurch den jeweiligen Energiestrahl. Letztens rief mich meine Schwester an und erzählte, dass sie mit ihrem Freund ein Wellnesswochenende erleben wolle. Die Umstände waren aber nicht einfach. Da sie Zweifel hatte, ob es tatsächlich funktionieren würde, kam sie auf die Idee, alle ihre Freundinnen anzurufen, um von ihrer Bestellung zu erzählen und sich dadurch Verstärkung zu holen. Die Idee, dass andere für sie mitbestellen, um den Energiestrahl zu verstärken und ihre Zweifel abzubauen, war ungeheuer wirkungsvoll. Ich erkannte, dass der Zeitfaktor bzw. die eventuellen Widerstände, die das Wellnesswochenende hätten verhindern können, nur Betrachtungen waren. Also hatte ich ein gutes Gefühl und bestellte für sie mit. Das Ergebnis war, dass meine Schwester keine Zweifel mehr hatte, weil sie wusste, dass andere sie unterstützten, und sie hatte tatsächlich ein traumhaftes Wellnesswochenende.

Es kann Dir sehr nützlich sein, wenn Du mit anderen dieses Wissen teilst und sie Dir helfen, Deine Ziele, Wünsche und Träume zu realisieren. Wenn Du große Bestellungen in das Universum sendest, ist es wichtig, dass Du sie permanent aufrechterhältst. So versorgst Du Deine Ziele, Wünsche und Träume immer wieder mit neuem Leben bzw. neuer Energie. Hierzu kannst Du ein Logbuch verwenden, das noch wesentlich mehr Vorteile besitzt, welche ich dir im nächsten Kapitel aufzeige.

FÜR EINE BEWUSSTE UND AKTIVE ANWENDUNG VON BESTELLUNGEN HALTEN WIR FOLGENDES FEST:

1. Bestellungen funktionieren *(der Glaube bzw. die Gewissheit muss vorhanden sein).*
2. Bewusste Bestellungen sind geistige Energien, die etwas bewirken.
3. Die Grundeinstellung muss positiv sein, da auf Dauer nur überlebensfreundliche Ziele erreicht werden können.
4. Eine Bestellung funktioniert schneller, wenn Du keine Zweifel hast *(Zweifel = Gegenabsicht = Problem).*
5. Eine Bestellung funktioniert umso schneller, je mehr geistige Energie Du hineinlegst *(die Absicht/der Wille).*
6. Du solltest Dir Deine Bestellung geistig so vorstellen, als wäre sie bereits Realität *(bereits „haben“).*
7. Eine Bestellung funktioniert schneller, wenn es keine Fremdabsichten gibt *(Deine Absicht + eine entgegengesetzte Absicht einer anderen Person = Problem).*
8. Es ist wichtig, dass Du eine Zeitangabe hinzufügst, bis wann die Bestellung in die Realität umgesetzt sein sollte.
9. Halte Deine Bestellungen aufrecht, indem Du ein Logbuch führst.
10. Stärke Deine Bestellungen, indem Du Dein Wissen weitergibst und andere Dir helfen.

BRING DICH AUF ERFOLGSKURS

Kapitel 08

Warum Deine Bestellungen besser funktionieren, wenn Du sie aufschreibst

08

Der Begriff Logbuch kommt aus der Seefahrt. Dort bezeichnet er ein Tagebuch auf Seeschiffen, in das alle für die Seefahrt wichtigen Beobachtungen eingetragen werden. Wie auch mir, wird es Dir in Zukunft helfen Deine Bestellungen bewusst und schnell Wirklichkeit werden zu lassen.

Als ich mich intensiv mit der Materie auseinandergesetzt habe, stellte sich mir zuerst die Grundfrage: „Funktionieren Bestellungen wirklich oder sind es nur Zufälle?“ Hieraus entstand die Idee, ein Logbuch für Bestellungen zu führen.

Das Logbuch habe ich als Tabelle angelegt. Jede aktive Bestellung habe ich in dieses Buch bzw. die Tabelle eingetragen, um im ersten Schritt zu überprüfen, wie viele Bestellungen eintreffen und wie viele nicht. Am Anfang standen in der Tabelle lediglich das Datum der Bestellung, der Inhalt und je eine Spalte für „Eingetroffen“ und „Nicht eingetroffen“. Meine erste Bestellung im Logbuch machte ich auf der Fahrt zum Büro im Auto: „Ich bekomme gleich einen Parkplatz direkt vor der Tür des Büros, weil ich mehrere Kartons ausladen muss.“ Eigentlich bekommt man um die Mittagszeit dort nie einen Parkplatz. Ich schwöre es: Genau in dem Moment, als ich am Bürogebäude eintraf, fuhr ein Fahrzeug aus der Parklücke und ich konnte direkt vor der Tür parken. Es war nicht fünf Meter vor oder hinter, es war exakt vor der Hauseingangstür des Büros. Mir lief es eiskalt den Rücken runter und ich freute mich wie ein Kind.

Als ich ausgeladen hatte, ging ich sofort an meinen Laptop, um diesen Eintrag vorzunehmen und ihn grün zu markieren. Letzteres tat ich, damit ich in der Übersicht schneller sehen kann, wie viele Bestellungen funktioniert haben und wie viele nicht. Die nicht eingetroffenen Bestellungen habe ich rot markiert und die „zu spät“ eingetroffenen Bestellungen orange. Im Laufe der praktischen Nutzung habe ich das

Logbuch immer mehr verfeinert und noch viel mehr Vorteile entdeckt. Für mich war es am praktikabelsten, eine Tabelle im Computer zu führen.

Du kannst aber auch ein Heft, Ringbuch oder das Praxis-Logbuch sowie die Logbuch-App benutzen.

Das Praxis-Logbuch und die Logbuch-App kannst Du über die Internetseite **www.DasLogbuch.com** bekommen.

Dort gibt es auch dieses Buch als Hörbuch z.B. als Geschenk für eine gute Freundin. Zum Glück ist das Logbuch so hilfreich, denn dadurch konnte ich Herrn Bierstedt als Sprecher gewinnen. Du fragst dich sicher, was daran so besonders ist: Er ist die deutsche Synchronstimme von George Clooney. Das eingesprochene Buch ist also ein besonders schöner Hörgenuss – besonders für die Damenwelt.

Ich kenne einige Damen, die für diese Zwecke ein kleines Notizbuch bei sich führen. Tanja, eine Bekannte von mir, besitzt so eines, und wenn sie mal nicht so gut drauf ist, schaut sie sich ihre Bestellungen an. Dann hellt sich ihre Laune blitzschnell auf. Das sollte Dich nicht überraschen, da im Logbuch nur positive Dinge stehen – schließlich geht es um die Gestaltung der eigenen erfolgreichen und glücklichen Zukunft.

Ich halte mir oft den Satz vor Augen: **„Aus der Vergangenheit lernen, in der Gegenwart leben und die Zukunft kreieren.“** Diese Einstellung ist das Beste, was du für Dich selbst tun kannst.

Es gibt Menschen, die in der Vergangenheit leben. Sie sprechen oft davon und sind häufig deprimiert. Woran liegt das? Der pessimistische Blick in die Vergangenheit bestimmt den Ausblick auf die Zukunft. Sie sind zu sehr an das Alte gebunden und nicht in der Lage, ihre Zukunft aktiv zu kreieren. Sie haben keine Wünsche und Träume mehr oder glauben nicht mehr an sie. Oftmals rührt das daher, dass sie in der Vergangenheit zu oft ihre Ziele verfehlt haben. Es gibt einen einfachen Trick, um die Einstellung dieser Menschen wieder ins Positive zu wenden. Sie müssen ihre Ziele, Wünsche und Träume nur aufschreiben. Ein Freund von mir war eine Zeit lang extrem negativ eingestellt. Wenn ich ihn hörte, bekam ich den Eindruck, dass das Leben keinen Sinn hat und alles schlecht ist. Einmal hatte ich mir das Gejammer wieder zehn Minuten angehört, dann fragte ich ihn, welche Ziele und Wünsche er im Leben noch hat. Ich bohrte immer wieder nach: „Was wolltest du schon immer sein, tun oder haben?" Am Anfang kamen nur allgemeine Antworten zur Gegenwart, wie z. B. einen besseren Job, mehr Freizeit, mehr Geld usw. Je länger wir dieses Frage-Antwort-Spiel trieben, umso konkreter wurden schließlich seine Antworten. Wir erstellten eine Liste mit seinen Wünschen und Zielen. Er wollte z. B. als Kind ein Rennrad haben, das er aber nie bekommen hat. Das Fahrrad war ein verfehltes Ziel. Durch das Aufschreiben der Ziele, Wünsche und Träume passierten in der Folge zwei Dinge. Zum einen wurde seine Laune richtig gut und man merkte ihm an, wie neue, positive Energie in ihm aufstieg. Das ist ein weiterer Beweis für die Energie, die durch positive Gedanken entsteht. Zum anderen stellte er fest, dass er sich einige seiner verfehlten Ziele sofort erfüllen konnte. Bald war er gut gestimmt und zog los, um sich ein hochwertiges Rennrad zu kaufen.

Was hat dieses Beispiel mit unserem Logbuch zu tun? Du wirst es merken, wenn Du Dein eigenes Logbuch führst: Wenn ich meine aktiven Bestellungen aufschreibe, fallen mir automatisch alte Wünsche und Bestellungen ein. Es ist eine gute Motivation, diese ebenfalls in einer neuen Zeiteinheit zu bestellen. Hierdurch belebe ich „alte" Bestellungen mit neuer Energie. Ein weiterer Vorteil des Logbuchs ist, dass man Bestellungen besser aufrechterhalten kann, da man durch das wiederholte Lesen und Visualisieren automatisch weitere Energie in den Wunsch steckt.

Eine meiner großen Bestellungen war es, dieses Buch zu schreiben. Die Bestellung, die ich in mein Logbuch eingetragen habe, sah folgendermaßen aus: „Ich schreibe bis Ende dieses Jahres ein Buch mit einer Anleitung für geistige Bestellungen ans Universum. Dieses Buch wird verlegt und veröffentlicht, weil es vielen Menschen hilft, ein noch glücklicheres Leben zu führen. Es soll ein leicht verständliches Sachbuch zu Bestellungen werden. Die Leserinnen und Leser sollen eine schnell umsetzbare Anleitung erhalten, wie sie auf geistiger Ebene alles erreichen und wiederum anderen Menschen helfen können, ebenfalls ein positives Leben zu führen. Ferner sollen die Leser auf einem einfachen Gradienten lernen, was aktive Bestellungen sind und warum sie funktionieren. Zusätzlich wird dieses Buch ein Bestseller werden, damit mehr als 100.000 Menschen ihre Ziele, Wünsche und Träume schneller realisieren und durch ihre positive Einstellung zum Leben auch ihr Umfeld verbessern." Das war eine sehr umfangreiche Bestellung ans Universum. Um alle Energien zu bündeln, setzte ich geistige und mechanische Energie ein. Geistige Energie ist das wiederholte Fokussieren auf das Buch. Jedes Mal, wenn ich über ein Kapitel nachdachte, sprudelten meine Gedanken und mir fielen die wesentlichen Dinge ein, die ich Dir unbedingt mitteilen wollte. Es war eine mächtige Energiewelle, die da jedes Mal freigesetzt wurde, und so nahm das Buch Gestalt an. Die mechanische Energie ist das Umsetzen ins physikalische Universum, wie z. B. die Niederschrift der Gedanken und das Recherchieren. Da diese Bestellung extrem überlebensfreundlich ist, weil sie sehr vielen Menschen helfen wird, ihre Ziele, Wünsche und Träume zu erreichen, hatte ich auch keine Gegenabsichten. Das Ergebnis hältst Du in den Händen und bist kurz davor Bestellungen wahrwerden zu lassen. Konnte ich Dich überzeugen?

Kommen wir zum Kernpunkt zurück. Es war also eine sehr große Bestellung von mir. Ich bin berufstätig, habe eine Familie und Hobbys – da bleibt nicht viel Zeit übrig, um so ein Projekt zu stemmen. Also habe ich mir gesagt: Du hast keinen Druck und gehst die Sache entspannt an. Immer wenn ich Lust hatte, habe ich mich mit dem Buch und dem Thema auseinandergesetzt. Durch das Führen des Logbuchs wurde ich zudem an meine Bestellung erinnert.

Jedes Mal, wenn ich es erneut gelesen hatte, bekam ich einen Motivationsschub, habe automatisch wieder kreiert und somit neue Energie in diese Bestellung gesteckt. Daher ist das Führen eines Logbuchs eine enorme Hilfe bei der Aufrechterhaltung von Bestellungen. In der Praxis habe ich bemerkt, dass viele Bestellungen oftmals nur mich oder meine Familie betrafen und kurzfristig ausgelegt waren. Eine lautete: „Marc wird in seiner nächsten Englisch-Klassenarbeit die Note ‚sehr gut' schreiben." Nachdem diese Bestellung in Erfüllung ging und ich sie grün markiert hatte, dachte ich, dass dieser Wunsch eigentlich egoistisch war. „Warum bestellst du primär für dich und deine Familie?" Also habe ich die Spalten erweitert und eine zusätzliche eingeführt: „Für welche Person/Institution ist die Bestellung?". Nun setzte ich mich regelmäßig hin und sandte Bestellungen für mich, meine Familie, Freunde oder Arbeitskollegen ab. Das ist sehr hilfreich, denn wenn es meinem Umfeld gut geht, geht es auch mir gut. Im letzten Sommer verbrannte die Sonne in einem Zeitraum über zwei Wochen regelrecht die Erde. Es herrschten Temperaturen von über 30 Grad, und es regnete nicht ein einziges Mal. Die Balkonblumen, die Bäume und der Rasen benötigten dringend Wasser. Also bestellte ich für den nächsten Tag ein kurzes Gewitter. Tatsächlich gab es am nächsten Tag ein kräftiges Gewitter und es schüttete wie aus Eimern. Meine Bestellung war etwas zu ungenau, denn ein so starkes Gewitter hätte es nicht sein müssen. Wahrscheinlich haben einige Menschen den gleichen Gedanken gehabt wie ich, sodass genügend geistige Energie freigesetzt wurde, um so ein enormes Gewitter zu produzieren. Inzwischen ist es mir egal, wenn eine negativ gestimmte Person sagt, was für ein Zufall dies war. Ich bin mir sicher, dass es keine Zufälle gibt, und dieses Beispiel hat mich weiter darin bestätigt, dass Bestellungen funktionieren. Doch selbst wenn wir in der Negativität verhaftet bleiben und sagen, dass es sich um einen Zufall gehandelt hat. Na und? Entscheidend ist, dass dieser Moment meinen Glauben an die geistige Energie weiter gefestigt hat.

Halten wir fest, dass das Logbuch das perfekte Mittel ist, um für sich und andere Bestellungen abzusenden. Nachdem ich mein Logbuch einige Zeit geführt hatte, stellte ich fest, dass es ein hervorragendes Analyse-Werkzeug ist. Zwischendurch habe ich die erledigten Bestellungen noch einmal genauer angeschaut, sowohl die eingetretenen als auch die nicht oder zu spät eingetretenen. Intuitiv habe ich mich zuerst nur mit den nicht eingetretenen beschäftigt, weil ich mir die Frage gestellt habe, warum die Bestellung nicht funktioniert hat. Bei genauerer Betrachtung war es fast immer der gleiche Grund. Es waren die eigenen Zweifel, also Gegenabsichten, die zu einem Problem geführt haben, somit konnte die Bestellung nicht in Erfüllung gehen. Vergiss nicht: Wir selbst setzen uns die Grenzen. Ich hatte für eine Kollegin, der betriebsbedingt gekündigt wurde, die Bestellung abgegeben: „Frau xy wird bis zum Ende ihres letzten Arbeitstages einen neuen guten Job gefunden haben. Dieser neue Job wird ihr Spaß machen und sie wird mehr Geld verdienen als im jetzigen." Als ich die Bestellung kreierte und aufschrieb, stellte ich mir vor, wie die Noch-Kollegin eine Stellenanzeige liest, sich daraufhin bewirbt und ihren neuen Job antritt. Es war ein gutes Gefühl und ich sendete die Bestellung ab.

Dennoch: Die Kollegin fand leider keinen neuen Job, bevor sie den Alten beendete. Als ich mir diese Bestellung im Nachhinein noch einmal anschaute, stellte ich fest, dass ich selbst bereits Zweifel gehabt hatte. Beim Kreieren schossen mir damals negative Betrachtungen durch den Kopf, wie: „Zurzeit haben wir ja eine schwierige Marktsituation", oder „Frau xy wird es nicht leicht haben, weil sie bereits über 50 Jahre alt ist". Diese Gedanken schob ich zwar beiseite, löste sie aber nicht auf. Ich möchte damit deutlich machen, dass Du bei Deinen Bestellungen darauf achten solltest, für alle negativen Gedanken (Gegenabsichten) eine positive Lösung zu finden, damit sie der Erfüllung Deiner Bestellungen nicht im Wege stehen. Vielleicht wirkten in diesem Beispiel Fremdabsichten mit. Es kann durchaus sein, dass meine Kollegin selbst der Meinung war: Endlich kann ich mal richtig Urlaub machen, bevor ich mir einen neuen Job suche. Wenn ich mir die eingetroffenen Bestellungen meines Logbuchs anschaue, sehe ich auch, warum sie funktioniert haben. Ich hatte keine Zweifel, legte ausreichend geistige und mechanische Energie hinein und definierte einen konkreten Zeitpunkt.

Übrigens, bei den zu spät eingetroffenen Bestellungen lag es häufig daran, dass ich den Zeitpunkt nicht genau definiert hatte oder komplett vergessen hatte, einen Zeitpunkt anzugeben. Als Analyse-Werkzeug hilft das Logbuch Dir, Fehler in Deinen Bestellungen zu finden, um deren Qualität zu erhöhen. Somit kannst Du Deine Ziele, Wünsche und Träume schneller erreichen. In einem früheren Kapitel habe ich beschrieben, wie unsere Gewohnheiten funktionieren. Ein Hauptproblem dabei, auf Dauer die Technik des bewussten Bestellens aufrechtzuerhalten, ist unsere Bequemlichkeit.

Dein Logbuch wird Dir helfen, Deine bewussten Bestellungen zur Gewohnheit werden zu lassen. Wenn Du am Anfang, am besten täglich, nur eine einzige bewusste Bestellung in Dein Logbuch einträgst, wird es schnell zur Gewohnheit werden. Bei mir hat es funktioniert, indem ich jeden Abend vor dem Schlafengehen mindestens eine bewusste Bestellung abgesendet habe. Ich heftete ein gelbes Post-it an den Badezimmerspiegel, das mich abends beim Zähneputzen daran erinnerte. Mein

Kollege Mario lässt sich jeden Tag zu Beginn seiner Mittagspause von seinem Handy erinnern. Ich versichere es Dir: Wenn Du es einen Monat lang jeden Tag gemacht hast, geht Dir das tägliche Bestellen leicht von der Hand und findet automatisch seinen festen Platz in Deinem Alltag und Deiner Komfortzone. Du führst Deine Bestellungen dann aus Gewohnheit aus, ohne Dich daran erinnern zu müssen. Ein weiterer Vorteil ist, dass Du so mindestens 30 bewusste Bestellungen ins physikalische Universum gesetzt hast, womit Du ganz sicher das eine oder andere Ziel erreichen wirst.

WICHTIG: FÜHRE DEIN LOGBUCH NICHT UNTER ZWANG

Du musst nicht jeden Tag etwas eintragen. Aber denke mindestens einmal am Tag daran, dass Du es tun könntest. An manchen Tagen habe ich nur eine aktive Bestellung ins Universum gesendet – und manchmal, wenn ich viel Zeit und Lust hatte, habe ich 15 aktiv kreiert, aufgeschrieben und abgesendet. Sieh es als Chance und Turbo, um Deine Ziele, Wünsche und Träume schneller zu realisieren.

Ein weiteres Phänomen habe ich bei der Analyse des Logbuchs beobachtet: Je länger ich mit dem Logbuch gearbeitet habe, umso mehr Bestellungen erfüllen sich. Bei den ersten 40 waren knapp über die Hälfte erfolgreich, inklusive der verspäteten. Nach etwa sechs Monaten waren von 40 Bestellungen über 78 Prozent Wirklichkeit geworden. Woran lag es? Es lag daran, dass sich meine Technik beim Prozess des Bestellens verfeinert hat, die Sicherheit bzw. der Glaube, dass Bestellungen funktionieren, größer und somit Gegenabsichten oder Zweifel kleiner wurden. Auch auf die Gefahr hin, dass ich mich wiederhole, eines ist ganz sicher: Du selbst entwickelst die Energie in Dir, um Deine Ziele, Wünsche und Träume zu erreichen. Es sind nicht die anderen, die Dir zum Glück verhelfen. Du bist es, der die Entscheidung trifft und die entsprechende Energie entwickelt. Andere Menschen können Dich unterstützen, Ziele zu erreichen, aber der Motor, die Energiequelle bist Du ganz allein. Durch das Führen eines Logbuchs habe ich herausgefunden, dass Bestellungen für mich selbst besser funktioniert haben als solche, die ich für andere Menschen getätigt habe. Meine Ziele habe ich viel leichter erreicht, weil ich keine Gegenabsichten hatte. Bei Bestellungen, die ich für andere gemacht habe, lag die Erfolgsquote niedriger.

Ein Freund von mir hatte sein Auto kaputtgefahren, und ich wollte ihn unterstützen, schneller ein neues zu bekommen. Also habe ich ihm eines bestellt. Es traf nicht zum gewünschten Zeitpunkt ein, woraufhin ich ihn fragte, warum er noch kein neues Auto habe. Er sagte mir, dass er schon gerne eines hätte, aber kein Geld habe und auch noch viele andere Dinge bezahlen müsse. Im Gespräch wurde deutlich, dass er viele eigene Gegenabsichten formuliert und Prioritäten anders gesetzt hatte. Daher konnte meine Bestellung nicht funktionieren. Da wurde mir klar, dass es nicht viel bringt, für andere zu bestellen, wenn sie selbst nichts über das mächtige Werkzeug der aktiven geistigen Bestellungen wissen. Sieh daher zu, dass Du Deinem Umfeld dieses Wissen vermittelst, weil das Bestellen dann einfacher ist.

Extrem gut klappt es zwischen mir und meiner Schwester. Sie hat die gleiche Bewusstseinsebene wie ich und wir erzählen uns gegenseitig, welche Bestellungen wir abgesendet haben. Wechselseitig bestellen wir für den anderen mit und somit wird der Energiestrahl größer – und die Bestellungen gehen schneller in Erfüllung. Es gibt noch viele Dinge, die Du herausfinden wirst, die über die Beschreibung der Vorzüge eines Logbuchs hinausgehen. Teilweise wird es für Dich eine große Bewusstseinserweiterung sein und Dich motivieren, das Logbuch auf Dauer zu führen. Zudem ist es eine bereichernde Erinnerung. Du siehst, was Du bestellt hast und was in Erfüllung gegangen ist. Es ist eine Historie

Deiner Erfolge. Du kannst Deinen Kindern und Enkelkindern zeigen, was Du alles im Leben bestellt hast, und sie werden den gleichen Weg gehen, um ihre Ziele, Wünsche und Träume schneller zu realisieren.

ZEHN GUTE GRÜNDE, EIN LOGBUCH ÜBER DEINE BESTELLUNGEN ZU FÜHREN:

1. Das Logbuch dient Dir zur Bestätigung, dass Bestellungen funktionieren.

2. Das Logbuch festigt Deine Sicherheit und Deinen Glauben, dass Bestellungen funktionieren.

3. Das Logbuch ist ein Hilfsmittel, um Deine bewussten Bestellungen in Deine täglichen Gewohnheiten zu integrieren.

4. Durch die Niederschrift Deiner Bestellungen verstärkst Du den Energiestrahl zum Erfolg.

5. Keine Deiner wichtigen Bestellungen geht verloren, wenn Du sie aufgeschrieben hast.

6. Das Logbuch ist ein Hilfsmittel, um nicht erreichte Ziele oder Wünsche aus der Vergangenheit mit neuer Energie zu „beleben“.

7. Wenn Du die Bestellungen in Deinem Logbuch liest, versetzt es Dich in eine positive Stimmung und gibt Dir neue Motivation

8. Durch das wiederholte Lesen Deiner Bestellungen erfüllst Du sie mit neuer Energie und erhältst sie aufrecht.

9. Das Logbuch ist ein Hilfsmittel, mit dem Du anderen Menschen aktiv helfen kannst – indem Du für sie Bestellungen kreierst, aufschreibst und absendest.

10. Das Logbuch ist ein gutes Analyse-Werkzeug, um herauszufinden, warum Bestellungen funktioniert haben oder nicht eingetroffen sind.

SCHNELLER ANS ZIEL DEINE BESTELLUNG PER APP ODER PRAXIS-LOGBUCH

Du kannst Dir Dein persönliches Praxis-Logbuch oder die Logbuch-App über die Internetseite **www.DasLogbuch.com** bestellen. Sie sind die idealen Begleiter deiner Bestellungen. Das Hörbuch, gesprochen von George Clooneys deutscher Synchronstimme, kannst Du ebenfalls herunterladen.

www.DasLogbuch.com

Das Tolle an der App: Du hast Dein Logbuch bei Dir. Jeder von uns besitzt ein Mobiltelefon und trägt es in der Regel immer bei sich. Du kannst also zu jeder Zeit, egal wo Du Dich gerade aufhältst, eine Bestellung eintragen und ins Universum senden. Stell Dir vor, Du siehst etwas Tolles und bestellst es Dir direkt, damit es nicht in Vergessenheit gerät. Du schreibst es Dir in Dein Logbuch. Dadurch, dass Du Dich intensiv mit Deiner Bestellung beschäftigst, versorgst Du sie mit viel Energie. Damit das aktive Bestellen schneller Teil Deiner Komfortzone wird, kannst Du in der App eine Erinnerungsfunktion aktivieren, die Dich nach Wunsch täglich oder wöchentlich zu einer bestimmten

Uhrzeit an Deine Bestellungen erinnert. Mit der App wirst Du viele Wünsche, Ziele und Träume schneller erreichen, weil Du über einen längeren Zeitraum permanent bewusst und aktiv Bestellungen aufgibst. Die App erinnert Dich auch daran, wann eine Bestellung fällig wird. Dadurch, dass Du die Frist für die Erfüllung eingibst, wirst Du automatisch daran erinnert. Falls Deine Order zu diesem Zeitpunkt noch nicht in Erfüllung gegangen ist, kannst Du sie noch einmal mit Energie versorgen und eventuell neu formulieren. Um Dich immer wieder neu zu motivieren, hast Du auch die Möglichkeit, Dir z. B. jeden Tag zu einer bestimmten Uhrzeit einen Spruch, ein Zitat oder eine Weisheit anzeigen zu lassen. Das sorgt für gute Laune, auch wenn es einmal gerade nicht so optimal läuft.

Die App hat weitere Funktionen und Möglichkeiten, um Dir das Bestellen und Analysieren zu vereinfachen. Nutze die App als Werkzeug, um Deine Wünsche, Ziele und Träume besonders effizient zu erreichen.

Im folgenden Kapitel zeige ich Dir, wie Du anhand einer Checkliste in kurzer Zeit Deine Bestellungen aufgibst. Zusätzlich gebe ich Dir weitere wichtige Tipps zum erfolgreichen Bestellen.

„WER DAS ZIEL KENNT, KANN ENTSCHEIDEN; WER ENTSCHEIDET, FINDET RUHE; WER RUHE FINDET, IST SICHER; WER SICHER IST, KANN ÜBERLEGEN; WER ÜBERLEGT, KANN VERBESSERN.“

KONFUZIUS

LOGBUCH ZUM GLÜCK

CHECKLISTE & TIPPS

Kapitel 09

09

Es ist mir immer wieder passiert, dass ich bei der Aufgabe einer Bestellungen das ein oder andere vergessen habe. Dies hatte zur Folge, dass einige Bestellungen gar nicht oder zu spät eintrafen. Damit Deine Bestellungen nicht wie eine Flaschenpost ziellos auf dem Meer der Wünsche und Träume umherirren, gebe ich Dir nachfolgend eine Checkliste und zum Schluss noch ein paar Tipps mit auf den Weg.

CHECKLISTE FÜR BEWUSSTE BESTELLUNGEN

1. **BENENNE DIE BESTELLUNG.**
„Meine Geburtstagsparty am Wochenende wird ein Erfolg und alle sind zufrieden."
o–> ***Hier setzt Du den Energiestrahl ins Universum.***

2. **DURCHLEBE DIE BESTELLUNG, ALS WÄRE SIE SCHON REALITÄT.**
Wie genau läuft die Party ab?
Wer kommt zur Party?
Wann fängt die Party an und wann ist sie zu Ende?
Welche Musik wird gespielt?
Welche Getränke/Snacks gibt es?
Welche Kleidung trägst Du?
Wie ist die Stimmung? usw.
Eine gute Hilfestellung beim Kreieren bieten W-Fragen: was, wann, wie, wo, wer – man könnte auch sagen: Zeit, Ort, Form und Geschehen. Stell Dir vor, wie toll die Party ist und wie Deine Freunde nach einem Jahr noch davon erzählen.
o–> ***Hier wird der Energiestrahl verstärkt und der Glaube an eine tolle Party gefestigt.***

3 BESEITIGE ZWEIFEL/GEGENABSICHTEN.

„Hoffentlich kommen genug Leute." Setze Dich mit eventuellen Zweifeln/Gegenabsichten auseinander und finde gedanklich eine Lösung. „Warum sollten nicht alle kommen? ... Das ist doch nur eine Betrachtung ... Ich habe allen rechtzeitig Bescheid gegeben und sie freuen sich schon auf die Party ... Aber ich kann zur Sicherheit allen noch eine SMS mit dem Inhalt ‚Ich freue mich, Dich auf meiner Party zu sehen, und möchte Dich dann ganz doll drücken :o) Sei bitte ab 19.00 Uhr da, damit Du das Beste nicht verpasst' senden."

o–> ***Hier konfrontierst Du eventuelle Gegenabsichten und beseitigst sie.***

4 DURCHLAUFE DIE BESTELLUNG NOCH EINMAL GEDANKLICH.

Hast Du darauf geachtet, dass es sich gut anfühlt und keine negativen Betrachtungen vorhanden sind?

5 TRAGE DIE BESTELLUNG INS LOGBUCH EIN.

Du kannst die Bestellungen auch später eintragen, falls Du z. B. gerade im Auto sitzt. Am Anfang würde ich Dir empfehlen, Bestellungen im Logbuch zu notieren, damit Du keinen Punkt übersiehst. Ferner wird durch das Eintragen der Energiestrahl verstärkt.

6 SENDE DIE BESTELLUNG BEWUSST AB.

„Meine Geburtstagsparty am kommenden Wochenende wird ein toller Erfolg und alle sind zufrieden." Hier kann man zusätzlich Rituale ausführen, wie z. B. die Bestellung mit einem „Danke" oder Fingerschnippen abschließen.

o–> ***Du schließt hiermit einen Zyklus vollständig ab und hast eine Entscheidung für die Zukunft getroffen.***

7 ERLEDIGE EVENTUELL OFFENE MECHANISCHE ZYKLEN.

„Ach, ich muss ja noch den Nachbarn Bescheid geben und sie einladen.“ Beim Kreieren ist Dir vielleicht aufgefallen, dass Du etwas bei der Planung vergessen hast. Hier muss dann die mechanische Kraft/Energie eingesetzt werden, damit die Party zu 100 Prozent ein Erfolg wird.

o–> ***In diesem Schritt setzt Du eine Mischung aus mechanischer und geistiger Energie ins physikalische Universum.***

8 SCHAU JEDEN TAG INS LOGBUCH, UM DIE BESTELLUNG AUFRECHTZUERHALTEN.

Kreiere immer wieder neu und durchlebe Deine Bestellung. Das gibt Dir Motivation und Energie. Es ist kein Muss, kann aber nicht schaden, wenn Du Deine Bestellung immer wieder neu mit Energie versorgst. Gerade am Anfang ist es hilfreich und bei größeren Bestellungen eine Notwendigkeit.

o–> ***Hier wird Deine Bestellung immer wieder neu mit geistiger Energie versorgt. Das hat den Vorteil, dass der Energiestrahl aufrechterhalten und zusätzlich verstärkt wird.***

9 FORMULIERE DEINE BESTELLUNGEN, WENN DU ENTSPANNT BIST.

Mit geistigem Druck – à la „Ich muss morgen unbedingt den Wecker hören, damit ich zu dem wichtigen Termin pünktlich bin“ – wird es nicht funktionieren. Bleibe entspannt und bestelle „Morgen habe ich einen guten und wichtigen Termin. Ich stelle mir den Wecker und werde entspannt und fröhlich um 7.00 Uhr aufwachen.“ Wenn Du beim Bestellen entspannt bleibst, bauen sich auch keine Gegenabsichten oder Zweifel auf. Probiere es aus, denn wenn Du total entspannt bist, kommen auch keine negativen Gedanken auf.

Tipp: Ich überlege mir jeden Abend, wenn ich ins Bett gehe, was heute alles Tolles passiert ist und wofür ich dankbar bin. Wenn Du Dir einfach nur wiederholt die Frage stellst:

„Wofür bin ich heute dankbar?“, dann fallen Dir auch viele Kleinigkeiten ein und Du schläfst mit positiven Gedanken ein. Übrigens, durch diese Methode schläfst Du auch viel fester und besser.

10 **HAST DU DEINE BESTELLUNGEN MIT GLEICHGESINNTEN GETEILT?**

Positive Menschen, die wissen, dass man mit geistiger Energie alles erreichen kann, werden Dich bei Deinen Bestellungen unterstützen. Nutze unsere Facebook-Seite und teile Deine Bestellungen mit. Das Gleiche gilt auch umgekehrt. Wenn ich eine gute Bestellung höre oder lese, unterstütze ich sie und bestelle für die Person mit.

www.facebook.com/daslogbuch

11 **BLEIBE AM BALL UND GIB NIEMALS AUF.**

Es wird passieren, dass die eine oder andere Bestellung nicht auf Anhieb funktioniert. Wenn Du die Bestellung in Dein Logbuch geschrieben hast und genau analysierst, wirst Du darauf kommen, was falsch gelaufen ist. Das Schlimmste, was Du machen kannst, ist, zu schnell aufzugeben und in Dein altes Muster zurückzufallen. Der einzige Unterschied zwischen Erfolg und Misserfolg ist: es einfach noch einmal zu probieren!

12 **BENUTZE REGELMÄSSIG DAS LOGBUCH.**

Damit Du automatisch und bewusst Bestellungen ins Universum sendest, ist es wichtig, dass diese Tätigkeit ein fester Bestandteil Deines Alltags wird. Benutze daher am Anfang, am besten täglich, Dein Logbuch.

13 **LASS DICH NICHT VON ANDEREN MENSCHEN ENTMUTIGEN.**
Je leichter Du zukünftig Deine Ziele und Träume erreichst, umso mehr Fremdabsichten und Neid werden Dir entgegengebracht werden. Ärgere Dich nicht darüber, denn Neid musst Du Dir erarbeiten, Mitleid bekommst Du geschenkt. In so einer Situation solltest Du Dir die Frage stellen: „Will ich eine solche Person wirklich in meinem Umfeld haben?"

14 **KONZENTRIERE DICH AUF MENSCHEN, DIE EINE POSITIVE EINSTELLUNG HABEN.**
Sie arbeiten mit positiver geistiger Energie. Die negativen Menschen, die immer nur jammern und viele Dinge abwerten, rauben Dir nur Deine Energie. Zusätzlich senden sie Gegenbestellungen ins Universum, weil sie – wenn etwas Positives passieren würde – unrecht behalten würden.

Du wirst in der Praxis einige Beobachtungen machen und Erfahrungen sammeln, die Du an Deine Freunde und Bekannten weitergeben kannst.

Nun bist Du mit dem Wissen versorgt, um Deine Ziele, Wünsche und Träume leichter zu erreichen und zu verwirklichen. Es liegt nun an Dir, es erfolgreich anzuwenden. Nimm das Ruder in die Hand!

Im folgenden Kapitel findest Du Antworten auf einige Fragen, die mir in der Praxis begegnet sind.

„Der Ziellose erleidet sein Schicksal – der Zielbewusste gestaltet es.“

— IMMANUEL KANT

LOGBUCH ZUM GLÜCK

FRAGEN & ANTWORTEN

Kapitel 10

10

Dieser Teil des Buchs widmet sich Fragen, die mir in der Praxis gestellt wurden. Er wird Dir helfen, Dein Wissen zu festigen, um Deine Ziele, Wünsche und Träume leichter und schneller zu erreichen.

WAS GENAU IST EINE BESTELLUNG?

Eine Bestellung ist eine Art Entscheidung, die Du für die Zukunft triffst, ein Energiepaket, das Du ins Universum sendest. Dieser „Energiestrahl“ verändert Dein Universum und lässt z. B. Materie entstehen. Energie ist definiert als eine wirkende Kraft – und in dem Moment, in dem Du einen Gedanken hast, erzeugst Du Energie.

WAS IST DER UNTERSCHIED ZWISCHEN GEISTIGER UND MECHANISCHER ENERGIE?

Geistige Energie entsteht mit einem Gedanken. Sie ist die Fähigkeit des Menschen, sich etwas in bestimmter Weise vorstellen zu können. In dem Moment, in dem Du Dir etwas vorstellst, erzeugst Du ein geistiges Energiebild. Fordere drei Personen auf: „Stelle dir bitte mal ein rotes Auto vor.“ Wenn die drei ihr jeweiliges Auto beschreiben, werden es drei unterschiedliche Ergebnisse sein. Das liegt daran, dass wir in Bildern (nicht in Worten) denken und jeder ein anderes Bild von einem roten Auto hat. Zudem entsteht bei einem Gedanken Energie, die auch messbar ist. Dieses Energiepaket wird ins physikalische Universum gesendet und erzeugt eine entsprechende Veränderung. Denke an den Spruch: „Nur das, was Du Dir vorstellen kannst, kannst Du auch erreichen.“ Mechanische Energie beim Menschen ist die Muskelkraft oder das Handeln. Beispiel: Du hast den Gedanken: „Ich möchte heute ein Brötchen essen.“ Du stellst Dir das Brötchen vor, und schon hast Du ein geistiges Energiebild ins Universum gesendet. Dieses Energiebild sorgt eventuell dafür, dass das Brötchen nun tatsächlich beim Bäcker existiert (der Bäcker hat Dir mit seiner Energie zudem noch geholfen). Du gehst nun zum Bäcker und kaufst Dir Dein Brötchen. Dieses Handeln wäre die mechanische Energie. In diesem Beispiel wurden etwa 10 Prozent geistige und 90 Prozent mechanische Energie eingesetzt. Es gibt Menschen, die davon überzeugt sind, dass Du das Brötchen theoretisch zu 100 Prozent mit geistiger Energie, ohne Mechanik, in Deinen Besitz bringen kannst.

WIE IST DAS VERHÄLTNIS ZWISCHEN GEISTIGER UND MECHANISCHER ENERGIE?

Das ist bei jedem Menschen unterschiedlich. Dir ist bestimmt schon jemand begegnet, der auf Dich den Eindruck machte, dass bei ihm alles ganz einfach klappt. Das liegt daran, dass diese Person mehr auf der geistigen Ebene operiert. Sie hat z. B. irgendwann die Bestellung aufgegeben: „Mir fällt alles leicht. Ich brauche mich nicht anzustrengen, um meine Arbeit erledigen zu können", oder so ähnlich. Das Thema bewusste Bestellungen hat nichts mit Intelligenz oder Glück zu tun. Es ist einfach nur Übungssache. Je mehr Du bewusste Bestellungen durchführst, umso leichter und schneller wirst Du Deine Ziele, Wünsche und Träume erreichen. Der entscheidende Punkt ist, nicht aufzugeben, es notfalls immer wieder zu versuchen und am Glauben festzuhalten. Das ist das Rezept für Erfolg in allen Bereichen!

WIE ERKENNE ICH, DASS ICH MEHR AUF DER GEISTIGEN EBENE ARBEITE?

Führe Dein persönliches Logbuch. Schreibe Deine Bestellungen auf. Es ist ein schleichender Prozess; man merkt nicht, dass man sich das Leben leichter macht, wenn man mehr auf geistiger Ebene arbeitet. Viele meiner Wünsche und Ziele habe ich schneller erreicht, als ich ursprünglich angenommen hatte. Mir ist es nur lange Zeit nicht aufgefallen, weil es inzwischen zu meinem alltäglichen Ritual geworden ist, Bestellungen abzusenden. Aber wenn ich in mein Logbuch schaue, stelle ich fest, dass ich viele Dinge leichter und schneller erreicht habe.

WAS WÄRE EIN BEISPIEL FÜR EIN ZIEL, DAS AUF REIN GEISTIGER EBENE DURCH EINE BESTELLUNG ERREICHT WERDEN KANN?

Bestimmt ist es Dir schon passiert, dass Du verabredet warst, aber zu dem besagten Termin eigentlich keine Zeit oder Lust hattest. Wie durch ein Wunder ist es passiert, dass die Person, mit der Du verabredet warst, den Termin telefonisch abgesagt hat. Tatsächlich war es aber kein Wunder, weil Du Dein Universum selbst kreierst. Vor dem Termin hattest Du bestimmt mehrmals gedacht: „Eigentlich habe ich keine Lust oder Zeit für den Termin …", oder: „Hoffentlich findet der Termin nicht statt, weil ich eigentlich überhaupt keine Zeit habe." In den Momenten, in denen Du diese Gedanken hattest, wurde jedes Mal eine neue Bestellung ins Universum gesandt, und damit auch Energie, die das physikalische Universum verändert hat. Das Ergebnis war, dass der Termin nicht stattfand und Deine Absichten stärker waren als die der anderen Person.

Ein weiteres Beispiel: Du hattest sicherlich einmal einen Streit mit einer anderen Person. Du gehst nach Hause und der Streit beschäftigt Dich noch immer. Eigentlich möchtest Du ihn aus der Welt schaffen und Dich wieder versöhnen. Daher überlegst Du, wie Du auf die andere Person zugehen kannst. In diesem Moment kreierst Du permanent, spielst die Situation noch einmal durch und suchst nach Lösungsmöglichkeiten. In dieser Phase sendest Du auch wieder permanent Bestellungen und somit Energie ins Universum. Nachdem Du eine Lösung gefunden hast, um den Streit beizulegen, nimmst Du Dir vor, dass Du beim nächsten Treffen mit der Person das Gespräch suchst. Jetzt kommt der Tag, an dem Du die Person siehst, und bevor Du überhaupt die Initiative ergreifen kannst, spricht Dich die andere Person zuerst an und erklärt Dir, warum Ihr den Streit beilegen solltet. Ohne dass Du etwas gesagt hast, ist genau das eingetreten, was Du Dir vorgenommen hattest. Was ist da passiert? War es ein Wunder? Nein, denn Du hattest so viel Absicht bzw. Energie abgesendet, dass sich Dein Universum und das Universum der anderen Person verändert haben. Ich weiß, es ist manchmal ein wenig schwierig, sich vorzustellen, wie man durch geistige Energie permanent das physikalische Universum verändern kann. Aber es ist so, denn es gibt keine Zufälle.

IST „BEWUSSTES BESTELLEN" EINE TECHNIK ODER REINE GLAUBENSSACHE?

Bestellen ist eine Technik, die jeder Mensch tagtäglich ausführt. Du kreierst Dir Dein Universum ständig (in jeder Sekunde) aufs Neue. Das bedeutet auch, dass es eine untergeordnete Rolle spielt, ob Du daran glaubst oder nicht. Du bestellst unabhängig vom Glauben, permanent. Es sind weit über 50.000 Gedanken, die Dir jeden Tag durch den Kopf schießen, und entsprechend viel Energie kreierst Du. Die Technik besteht darin, dass Du bewusste Bestellungen ins Universum sendest, damit Du Deine Ziele, Träume und Wünsche schneller realisierst.

DU SAGST SELBST, DASS DER GLAUBE BEIM BESTELLEN WICHTIG IST. WIESO SPIELT DANN DER GLAUBE EINE UNTERGEORDNETE ROLLE, WENN ICH SOWIESO PERMANENT BESTELLE?

Der Glaube ist bei bewussten Bestellungen sehr wichtig. Durch innere und äußere Einflüsse bestellst Du permanent. Um aus der Wirkungsposition in die Ursacheposition zu kommen, musst Du bewusste Bestellungen ins Universum senden. Bewusste Bestellungen sind in ihrer Energie viel stärker als die Unbewussten. Daher kannst Du so auch viel leichter Deine Ziele, Wünsche und Träume erreichen.

KANN MAN ALLES BESTELLEN?

Ja, theoretisch kannst Du Dir alles bestellen. Es ist eine Frage der Bewusstseinsebene. Du hast bestimmt gehört oder gesehen, dass Menschen schier Unglaubliches vollbracht haben. Das wird im Allgemeinen als

„Wunder" oder „Genialität" bezeichnet. Die Wahrheit ist, dass es Bestellungen sind. Der „Energiestrahl" ist stark genug, um diese sogenannten Wunder zu vollbringen. Gut beobachten kannst Du es, wenn die Notwendigkeit dringlich genug ist. Nimm z. B. eine gefährliche Situation. Es gab diesen einzigartigen Piloten, Chesley B. Sullenberger, der 2009 in New York auf dem Hudson River eine Notwasserung durchgeführt hat. Die Notwendigkeit zu überleben und die klare Bestellung dieses Piloten haben das „Wunder" bewirkt, dass ein Verkehrsflugzeug auf dem Wasser landete und niemand verletzt wurde. Er hatte die klare Bestellung zu überleben und es gab keine Gegenabsichten.

WIE SCHWER ODER LEICHT IST ES, ZU BESTELLEN?

Grundsätzlich ist es sehr leicht, etwas zu bestellen, was auch eintreten wird. Die Frage ist, wie hoch Deine Ansprüche sind und wie ausgeprägt Deine Bewusstseinsebene ist – was kannst Du Dir vorstellen? Einen Parkplatz in einem kleinen Dorf oder vor einem Baumarkt zu bekommen, ist eine einfache Bestellung. In der Berliner Innenstadt und an einem Samstag gestaltet sich das schon schwieriger. Die Frage ist, was Du Dir real vorstellen kannst. Ich habe überhaupt keinen Zweifel daran, dass ich in der Berliner Innenstadt einen Parkplatz bekommen könnte, weil ich Erfahrung mit der „Parkplatzbestellung" habe und weiß, dass es funktioniert. Du kannst immer nur das erreichen oder bekommen, was Du Dir in Deiner Realität vorstellen kannst. Jemand, der aus finanziellen Gründen immer Urlaub auf dem Campingplatz gemacht hat, hat Schwierigkeiten sich vorzustellen, dass er jemals einen Urlaub in einem Fünf-Sterne-Hotel auf den Malediven erleben wird. Diese Person wird auch niemals dort Urlaub machen, weil es für sie einfach nicht realistisch genug ist. Das ist schade, weil sie durchaus die Gelegenheit haben könnte. Sie müsste lediglich die richtigen Bestellungen machen und entsprechende mechanische Energie einsetzen.

WANN FUNKTIONIERT DAS BESTELLEN NICHT OPTIMAL?

Dem Erreichen Deiner Ziele, Wünsche und Träume stehen ausschließlich Deine eigenen Gegenabsichten und/oder Fremdabsichten einer dritten Person entgegen. Wenn Du selbst Zweifel hast oder Dein Umfeld Fremdabsichten hegt, bekommst Du Probleme. Das Hauptproblem beim erfolgreichen Bestellen bist meistens Du selbst. Durch eigene Zweifel (Gegenabsichten) setzt Du selbst die Schranken oder Stopps. Du entscheidest, wann, wie, wo und in welchem Umfang Du Ziele, Träume und Wünsche erreichst. Die Fremdabsichten kannst Du beseitigen, indem Du Dein Umfeld verbesserst und den Menschen um Dich herum dieses Wissen ebenfalls zur Verfügung stellst und indem Dein Energiestrahl stärker ist als der der Fremdabsicht. Die Verstärkung Deines eigenen Energiestrahls erreichst Du durch das permanente Aufrechterhalten Deiner Bestellung. Du kreierst also Deine gesetzten Bestellungen immer wieder neu. Visualisiere diese und male Dir die Situation aus. Wenn ein Problem durch eigene Zweifel oder Fremdabsichten auftaucht, setze Dich damit auseinander und Du wirst eine Lösung finden.

WENN ICH DURCH MEINE GEDANKEN UND DEREN ENERGIE DAS UNIVERSUM VERÄNDERE, MUSS ICH DANN NICHT VORSICHTIG MIT DEM SEIN, WAS ICH DENKE?

Nein, wenn Du eine positive Grundeinstellung hast, sind auch Deine Gedanken überwiegend positiv. Dies bewirkt, dass Dir mehr positive als negative Dinge passieren. Außerdem kannst Du Deine Bestellungen jederzeit ändern. Ich beispielsweise habe mir früher eingeredet, dass ich kein handwerkliches Geschick hätte. Immer wenn ich etwas Handwerkliches gemacht habe und es nicht sofort funktioniert hat, sagte ich mir: „Siehst du, Thorsten, du bist kein Handwerker und hast kein Talent. Hat schon wieder nicht geklappt …“ Als mein Sohn Alexander geboren wurde, kauften wir eine Kommode in einer großen Möbelhauskette. Zu Hause angekommen, versuchte ich sie zusammenzubauen. Die

Anleitung war nicht besonders hilfreich und ich hatte mit diesem Möbelstück zu kämpfen. Als ich endlich fertig war und die Schubladen in die Kommode schieben wollte, passten sie nicht. Der Fehler lag darin, dass ich das mittlere Stück der Kommode falsch herum eingebaut hatte. Ich fluchte, weil ich nun die gesamte Kommode wieder auseinandernehmen musste, um den Fehler zu beheben. Gleichzeitig bestätigte ich mir selbst, dass ich kein Handwerker bin. Somit habe ich die Bestellung „Ich bin handwerklich nicht begabt" aufrechterhalten. Exakt das ist auch eingetreten. Mit heutigem Wissen habe ich meine Bestellungen geändert. Ich bestelle mir nun immer: „Thorsten, du bist zwar kein gelernter Handwerker, aber mit Logik und innerer Ruhe bekommst du es hin." Heute kann ich Schränke ohne Stress und Fehler zusammenbauen. Du siehst an diesem Beispiel, dass wir mit unseren Gedanken die eigenen Grenzen setzen und jederzeit die Möglichkeit haben, unsere Bestellungen zu ändern.

WAS GENAU SIND GEGENABSICHTEN ODER FREMDABSICHTEN?

Absicht, Gegenabsicht und Fremdabsicht lassen sich wie folgt definieren:

Absicht = Bestreben oder Wille, etwas zu erreichen.
Beispiel: Ich treffe die Entscheidung, dass ich morgen ins Fitnessstudio gehe, oder ich will vor dem Büro einen Parkplatz bekommen. Diese Entscheidung ist eine Bestellung für die Zukunft und ein Energiepaket, das ich ins Universum gesendet habe.

Gegenabsicht = eine Absicht, die einer anderen (eigenen) Absicht entgegenwirkt bzw. entgegengesetzt ist.
Beispiel: Ich treffe die Entscheidung, dass ich morgen ins Fitnessstudio gehe. Während ich diesen Gedanken entwickle, kommt mir ein anderer: Eigentlich habe ich morgen wenig Zeit und weiß nicht, ob ich es wirklich schaffe. Der zweite Gedanke ist die eigene

Gegenabsicht. Man könnte es auch Betrachtung oder Zweifel nennen. Eigene Absicht: Ich gehe ins Fitnessstudio; eigene Gegenabsicht: Ich weiß nicht, ob ich es schaffe ...

Fremdabsicht = die Absicht einer dritten Person, die Deiner eigenen Absicht entgegenwirkt bzw. entgegengesetzt ist.
Beispiel: Ich treffe die Entscheidung, dass ich morgen Abend ins Fitnessstudio gehe. Ein paar Stunden später sagt mir meine Frau, dass wir morgen Abend unbedingt in ein Möbelhaus fahren müssten.
Eigene Absicht: Ich gehe morgen Abend ins Fitnessstudio;
Fremdabsicht einer anderen Person: Wir müssen morgen Abend unbedingt ins Möbelhaus.

Bei einer Absicht und Gegenabsicht/Fremdabsicht entsteht ein Stopp beim Energiestrahl. Zwei Energiestrahlen treffen aufeinander, und das führt zu einem Problem.

Absicht > < Gegenabsicht	= ***Stopp/Problem***
Absicht > < Fremdabsicht	= ***Stopp/Problem***
Absicht > Absicht > Absicht	= ***Ziel erreicht***

WIE LÖSE ICH EIGENE ZWEIFEL BZW. EIGENE GEGENABSICHTEN AUF?

Indem Du das Problem bzw. die Situation bewusst konfrontierst. Konfrontieren bedeutet, dass Du ein Problem oder eine Situation genau so anschaust, wie sie ist. Konfrontation kommt aus dem Lateinischen, „confrontatio" = Gegenüberstellung. Die Gegenüberstellung nicht übereinstimmender Sachverhalte oder die Auseinandersetzung zwischen Gegnern. Dies bedeutet, dass Du Dich mit Deinen Zweifeln auseinandersetzen musst. Deine Zweifel sind die Gegner Deiner Bestellungen. Du hast dann eine Absicht und eine Gegenabsicht und somit einen Stopp bzw. ein Problem. Der Trick besteht darin, sich die Zweifel genau anzuschauen und sie der Bestellung gegenüberzustellen.

Beispiel: Du hast das Problem, dass Du in einer Woche 500 Euro benötigst, um die Reparatur Deines Autos zu bezahlen. Da Du das Geld zurzeit nicht loseisen kannst, bestellst Du Dir, dass Du das Geld in einer Woche haben wirst. Die Absicht bzw. die Bestellung lautet also: „In einer Woche bzw. bis zum xx.xx.xxxx habe ich 500 Euro, um die Reparatur meines Autos zu bezahlen." Während Du Dir das vorstellst, kommen Zweifel auf wie: „Ich habe das Geld doch gar nicht … wie soll das funktionieren?" usw. Nun musst Du die Zweifel bzw. Deine Gegenabsichten konfrontieren. Du könntest Dir z. B. auf einen Zettel schreiben:

SITUATION

Ich benötige bis zum xx.xx.xxxx 500 Euro für die Reparatur meines Autos. Ich habe das Geld zurzeit nicht und weiß auch nicht, wie ich es auftreiben soll.

PROBLEM

Ich habe zurzeit keine 500 Euro.

LÖSUNG

Welche Möglichkeiten gibt es, um an das Geld zu kommen? Schreibe alle Möglichkeiten auf, durch die Du an 500 Euro kommen könntest. Hierbei ist wichtig, dass Du dabei nicht die nächsten Stopps setzt, weil Du denkst, das sei sowieso unmöglich („Ach … xy hat nicht so viel Geld übrig, um es mir zu geben" usw.). Es geht erst einmal darum, alle Möglichkeiten aufzuschreiben.

DAS KÖNNTE WIE FOLGT AUSSEHEN:

- Mit der Bank reden, um kurzfristig das Konto überziehen zu können.
- Mein Bruder leiht mir das Geld und ich zahle es in Raten ab.
- Die Werkstatt fragen, ob ich den Rechnungsbetrag in Raten abbezahlen kann.
- Diese Woche Lotto spielen oder in die Spielbank gehen.
- Meinen Chef fragen, ob ich einen Gehaltsvorschuss erhalten kann, der in Raten wieder einbehalten wird.
- Ich verdiene zusätzliches Geld, indem ich meinen Freunden, Bekannten und Kollegen aktiv meine handwerklichen Fähigkeiten anbiete. Usw. usw. ...

Wenn Du es so machst und die Liste immer wieder von oben nach unten durchgehst, werden Dir neue Lösungsansätze einfallen, und irgendwann macht es „Ping" und Du hast die Lösung. In unserem Beispiel könnte die Lösung wie folgt aussehen:

„Ich leihe mir von meinem Bruder 500 Euro und bezahle sie in fünf Raten zurück. Dann frage ich Freunde, Bekannte und Kollegen, ob ich Ihnen gegen eine kleine Bezahlung bei handwerklichen Tätigkeiten helfen kann. 100 Euro pro Monat bekomme ich locker hin. Und sollte ich nicht genug Aufträge erhalten, mache ich Überstunden in der Firma und lasse sie mir auszahlen."

Nun hast Du Deine Zweifel beseitigt und kannst entspannt Deine Bestellung absenden. Das Kuriose daran ist, dass es Dir passieren kann, dass Du die 500 Euro auf einmal woanders herbekommst. Es geht darum, dass Du die Bestellung (Energiestrahl) ohne Gegenabsichten ins Universum gesendet hast. Dann passieren auch die sogenannten „Wunder".

Im Grunde heißt das, dass Du Dich mit Deinen Zweifeln auseinandersetzen musst. Stelle Dir immer die Frage, warum es nicht funktionieren sollte oder was alles dafür spricht, dass es doch funktionieren wird. Wirkliches Konfrontieren ist nicht leicht. Man schaut lieber weg oder geht einen anderen Weg, weil der bequemer scheint. Erfolgreich im Leben kannst Du aber nur sein, wenn Du Dich mit aufkommenden Problemen auseinandersetzt und so Gegenabsichten oder Fremdabsichten konfrontierst. Nur auf diese Weise lösen sich Probleme auf und Du kannst alle Deine Ziele, Wünsche und Träume schneller verwirklichen.

WIE VERKLEINERE ICH FREMDABSICHTEN ODER LÖSE SIE AUF?

Das ist nicht ganz einfach, da jeder Mensch sein eigenes Universum kreiert und Du entsprechende Schnittmengen mit den Fremduniversen hast. Die Selbstbestimmung steht über allem. Es ist wichtig, einer anderen Person selbst zu überlassen, wie sie sich ihr Universum kreiert. Allerdings kannst Du das Universum der anderen Person so anpassen, dass Ihr beide Eure Ziele erreicht.

Beispiel: Ich treffe die Entscheidung, dass ich morgen Abend ins Fitnessstudio gehe. Ein paar Stunden später sagt meine Frau, dass wir morgen Abend unbedingt ins Möbelhaus fahren müssten. Mein Universum und meine Bestellung („Ich gehe morgen Abend ins Fitnessstudio") kollidiert mit der Fremdabsicht einer anderen Person („Wir müssen morgen Abend unbedingt ins Möbelhaus"). Wie bekomme ich nun das Universum meiner Frau so angepasst, dass sie mit mir ins Möbelhaus gehen kann und ich trotzdem mein Universum aufrechterhalte, indem ich ins Fitnessstudio gehe? Ich schaue mir das Problem an und konfrontiere die Situation. Dann spiele ich Lösungsmöglichkeiten durch und finde schließlich eine Lösung für die Fremdabsicht meiner Frau. Ich frage sie, wie wichtig es ihr ist, dass wir morgen ins Möbelhaus gehen, und wie lange wir ungefähr benötigen würden. Dadurch schaue ich mir ihr Universum an und was sie bestellt hat. An ihrer Beschreibung stelle ich fest, dass sie sich meiner Abneigung gegen Möbelhäuser bewusst ist und daher nur kurz hineinmöchte, denn es ist ihr wichtig, dass ich mit ihr gemeinsam etwas aussuche. Da es zeitlich doch ein wenig eng würde, beide Ziele zu realisieren, mache ich ihr den Vorschlag, dass wir erst am Samstag ins Möbelhaus gehen und ich mir dann drei Stunden Zeit nehme, damit sie sich in Ruhe alles anschauen kann. Sie ist über den Vorschlag sehr glücklich, weil sie so keinen Stress hat, und stimmt meinem Vorschlag zu. In diesem Beispiel habe ich meine Absicht (Bestellung) aufrechterhalten und zugleich das Universum meiner Frau so angepasst, dass sie ebenfalls zu ihrem Ziel kommt – und wir beide zufrieden sind. Hätte ich festgestellt, dass ihr der morgige Tag extrem wichtig ist, dann hätte ich mein Universum angepasst und früher Feierabend gemacht, um beide Ziele zu erreichen.

FAZIT

Auch bei Fremdabsichten muss man die Situation konfrontieren, um zu sehen, wie sie wirklich ist, nur dann fällt einem eine Lösung ein.

ES GIBT MITUNTER SEHR GROSSE BZW. STARKE FREMDABSICHTEN ANDERER MENSCHEN. WIE KANN ICH SIE VERHINDERN?

Nehmen wir das hoffentlich realitätsferne Beispiel, dass Du die Absicht hast, in Frankreich eine Diktatur einzuführen. Du bist der Meinung, dass alles besser laufen würde, wenn das Land von einem Diktator beherrscht würde. Du visualisierst es und stellst Dir in allen Einzelheiten vor, wie machtvoll Du Dich als Diktator fühlst. Nun setzt Du Deine Bestellung ins Universum und wartest auf die Erfüllung. Dieser Energiestrahl wird auf eine Menge Fremdabsichten stoßen, weil weit über 90 Prozent der Gesellschaft die Demokratie besser finden und entsprechende Bestellungen ins Universum gesandt haben. Das bedeutet, Dein Energiestrahl wird gestoppt durch den Energiestrahl der Fremdabsichten, die in diesem Beispiel positiv sind. Deine Bestellung ist nicht überlebensfreundlich und daher wirst Du keinen Erfolg haben. Die stärksten Fremdabsichten, die Deinen persönlichen Zielen, Wünschen und Träumen entgegenwirken, hast Du in Deinem persönlichen Umfeld. Es sind eventuell die Familie, die Freunde, die Bekannten und Arbeitskollegen, die Deinen Absichten entgegenwirken. Aber keineswegs, weil sie es Dir nicht gönnen würden. Es sind die unterschiedlichen Universen und die entsprechend unterschiedlichen Realitäten der Zukunft.

Anderes Beispiel: Du hast den Traum nach Spanien auszuwandern. Deine Frau liebt aber ihre Heimat und kann Spanien nichts abgewinnen, auf Dauer würde sie nie dort leben wollen. Hier hast Du zwei unterschiedliche Realitäten bzw. Universen und somit eine Fremdabsicht zu Deinen persönlichen Zielen. Es wird nicht ganz einfach, Dein Ziel Realität werden zu lassen. Als Nächstes ist es so, dass sich nicht alle Menschen vorstellen können, was Du Dir vorstellen kannst. Du traust Dir Dinge zu, die Dir z. B. Dein Kollege nicht zutraut. Vielleicht gibt es auch Neid bzgl. Deiner Wünsche, Träume und Ziele. All diese Dinge führen zu Fremdabsichten und können verhindern, dass Du Deine Ziele erreichst. Der Schlüssel, um die Fremdabsichten zu reduzieren oder sogar umzukehren, ist: Verbessere Dein Umfeld. Das Grundlegende ist die positive Einstellung zum Leben, mit allem, was dazugehört. Je positiver Dein Umfeld ist, umso schneller wirst Du Deine eigenen Wünsche erreichen. Sie können selbst besser positive Situationen gestalten und gönnen Dir auch den Erfolg. Sie helfen Dir, Deine Ziele zu erreichen, weil sie erkennen, dass es auch für sie gut ist.
Versuche, negativ denkende Menschen in Deinem Umfeld auf die richtige, positive Spur zu bringen. Dies erreichst Du z. B., indem Du

ihnen dieses oder andere Bücher empfiehlst, wie sie ihr eigenes Leben verbessern können. Wenn sie verstehen, dass sie selbst für ihr Leben verantwortlich sind und selbst bestimmen, ob ihre Ziele, Wünsche und Träume Realität werden, veränderst Du Dein Umfeld zum Positiven. Findest Du heraus, dass eine Person lieber negativ bleiben möchte, weil sie nicht konfrontieren kann, dann ziehe Dich zurück. Du brauchst den Kontakt nicht abzubrechen, aber Du musst Dir im Klaren darüber sein, dass diese Person eine Menge Fremdabsichten haben wird, was die Erfüllung Deiner Ziele, Wünsche und Träume angeht. Dahinter steckt keine böse Absicht Dir gegenüber. Die Person ist nur nicht in der Lage zu konfrontieren und versteht deshalb nicht, dass jeder Mensch sein Universum und das, was darin passiert, selbst kreiert. Sie versteht auch nicht, dass man mit bewussten Bestellungen einen Turbo hin zu positiven Veränderungen im Leben hat. Das ideale Szenario ist, dass nur positiv denkende Menschen in Deinem Umfeld leben. Nutze daher die Gelegenheit und verhelfe Deinem Umfeld zu einer Bewusstseinserweiterung, damit die Menschen um Dich herum wie Du mit bewussten Bestellungen ihre Ziele, Wünsche und Träume schneller erreichen können.

WIE KANN ICH FREMDABSICHTEN VERMEIDEN?

Indem Du Dir überlegst, mit wem Du Deine Bestellungen teilst. Manchmal ist es nicht verkehrt, wenn Du jemandem nicht sofort von einer tollen Bestellung erzählst. Es könnten dadurch unterschiedliche Sichtweisen, Fremdabsichten entstehen. Beispiel: Nehmen wir an, eine Freundin von Dir hat zehn Kilogramm Übergewicht. Sie setzt die Bestellung ins Universum, dass sie innerhalb eines Monats fünf Kilogramm abnehmen wird. Wenn sie jetzt mit anderen Personen darüber spricht, könnte es sein, dass jemand sagt: „Ach, das ist doch Quatsch, so schnell kann man nicht abnehmen." Schon ist eine Fremdabsicht im Universum. Sie könnte dazu führen, dass Deine Freundin Zweifel bekommt, und damit haben wir auch noch die eigene

Gegenabsicht im Universum. Wenn jetzt nichts weiter passieren würde, dann hätten wir im Universum eine Absicht und zwei Energiepakete mit Gegenabsichten. Wie hoch ist die Wahrscheinlichkeit, dass Deine Freundin ihre fünf Kilogramm in einem Monat abnimmt? Sie müsste nur die Zweifel aus dem Weg räumen und somit die Bestellung aufrechterhalten, damit sie zum Ziel kommt. Die Person, die gesagt hat, dass das Ziel nicht erreichbar sei, hat es sicherlich nicht böse gemeint. Aber wie Du siehst, hat man schnell Fremdabsichten im eigenen Universum, die das Erreichen von Zielen verhindern könnten. An diesem Beispiel siehst Du, dass man positiv denkende Menschen in seinem Umfeld benötigt.

WIE SOLLTE ICH AM BESTEN DAMIT BEGINNEN, BEWUSSTE BESTELLUNGEN INS UNIVERSUM ZU SENDEN?

1. Die Entscheidung treffen, dass es eine Wahrheit ist, dass bewusste Bestellungen funktionieren. Du musst für Dich die Gewissheit haben, dass Du es „sehen“ bzw. glauben kannst. Die eigene Erkenntnis und Gewissheit, dass alles im Universum auf Energiewellen aufgebaut ist und durch geistige Energie verändert wird, muss vorhanden sein. Das ist Deine erste, grundlegende Bestellung, um darauf erfolgreich aktive bewusste Bestellungen aufbauen zu können. Trage dies bitte auch in Dein persönliches Logbuch ein.
2. Du musst die bewusste Entscheidung treffen, dass Du ab sofort mehr auf der geistigen Ebene operierst, um Deine Ziele, Wünsche und Träume schneller zu erreichen. Auch das ist eine Bestellung für die Zukunft, die Du in Dein Logbuch eintragen solltest, z. B. folgendermaßen: „Ab sofort agiere ich mehr mit bewussten Bestellungen. Ich werde jeden Tag mindestens eine bewusste Bestellung ins Universum senden und in mein Logbuch eintragen.“
3. Fange mit kleinen Bestellungen an, um Deinen Glauben und die Gewissheit, dass sie funktionieren, zu festigen.

4. Lass Dich nicht entmutigen, wenn am Anfang nicht direkt alle Bestellungen funktionieren. Der einzige Punkt, der entscheidet, ob etwas erfolgreich läuft oder nicht, ist, es noch einmal zu versuchen. Viele Menschen sind deshalb erfolglos, weil sie einfach zu schnell aufgeben und sofort zahlreiche Rechtfertigungen zur Hand haben, warum es nicht funktioniert hat. Der Erfolgreiche versucht es einfach noch einmal. Dies wäre übrigens auch eine Bestellung, die Du Dir in Dein Logbuch schreiben könntest.

WIE SCHAFFE ICH ES, AUTOMATISCH JEDEN TAG BEWUSSTE BESTELLUNGEN ABZUSCHICKEN?

Das bewusste Bestellen sollte in Deinen Alltag integriert werden. Es muss zu einer täglichen Gewohnheit werden, wie das Zähneputzen. Das erreichst Du, indem Du Hilfsmittel zur Erinnerung einsetzt. Du kannst Dir einen Zettel an den Badezimmerspiegel kleben oder einen täglich wiederkehrenden Kalendereintrag im Handy speichern. Du hast aber auch die Möglichkeit, eine App von meiner Internetseite unter **www.DasLogbuch.com** herunterzuladen. Die App erinnert Dich jeden Tag mit einem motivierenden Spruch oder einer Weisheit daran, Deine Bestellung noch aufzugeben. Du musst für Dich einen Weg oder ein tägliches Ritual finden, einen Rahmen, in dem Du Deine bewussten Bestellungen aufgibst. Ich garantiere Dir, dass diese Tätigkeit spätestens nach drei Monaten ihren Platz innerhalb Deiner Komfortzone gefunden hat und Du sie ohne Erinnerung automatisch ausführst. Bei den meisten Menschen geht es schneller, wenn sie täglich eine bewusste Bestellung absenden. Zur Unterstützung kannst Du Dir das Praxis-Logbuch über die Internetseite bestellen.

WARUM FUNKTIONIEREN BESTELLUNGEN IN NOTFÄLLEN SO GUT?

In scheinbar ausweglosen Situationen wird die Notwendigkeit, das Problem zu lösen, so groß, dass die Kraft des Konfrontierens, der

Absicht und des Kreierens ins Unermessliche steigt. Der Energiestrahl, der Wille und die Absicht sind so mächtig, dass es in solch einer Situation keine eigenen Gegenabsichten oder Zweifel gibt. Denn die eigenen Zweifel sind der Hauptgrund dafür, dass Bestellungen nicht funktionieren.

WAS SIND DIE WICHTIGSTEN FAKTOREN, UM DAS IDEALE SETTING FÜR ERFOLGREICHES BESTELLEN ZU SCHAFFEN?

- Der Glaube, dass Bestellungen funktionieren.
- Das klare Benennen/Formulieren der Bestellung.
- Die Absicht bzw. das Wollen (die Energie) muss groß genug sein.
- Das permanente Kreieren der Bestellung („Ausmalen“, Visualisieren und Durchspielen aller Möglichkeiten).
- Keine eigenen Zweifel, Gegenabsichten oder Fremdabsichten zuzulassen.
- Andere Menschen unterstützen Dich bei Deinen Bestellungen.
- Das Hinzufügen mechanischer Energie (etwas tun, um das Ziel zu erreichen).
- Im Idealfall vereinigen sich die oben genannten Punkte

WARUM SOLLTE ICH MEINE BESTELLUNGEN IM NACHHINEIN ANALYSIEREN?

Eine Triebfeder beim Führen eines Logbuchs ist, dass Du Deine Bestellungen im Nachhinein analysieren kannst. Dies hat den Vorteil, dass Du Deine Fähigkeiten permanent verbesserst. Wenn Du siehst, wo Fehler gemacht wurden oder warum eine Bestellung gut funktioniert hat, wirst Du bei den nächsten Bestellungen auf diese Dinge achten. Man wird nicht auf die Schnelle ein Experte. Nehmen wir z. B. den Maschinenbau-Ingenieur. Er ist kein Experte, nur weil er studiert hat. Im Studium hat er das theoretische Grundwissen erhalten. Erst die Praxis und das Lernen aus Fehlschlägen und Erfolgen verhelfen ihm dazu, zu einem Experten zu werden. Er entwickelt die Technologie durch die Praxis weiter, und so ist es auch bei bewussten Bestellungen. Durch Deine Praxis, das Analysieren und Überprüfen Deiner Bestellungen wird es Dir immer leichter fallen, Deine Bestellungen Wirklichkeit werden zu lassen. So ist auch meine App entstanden. In der Praxis, während des aktiven Führens des Logbuchs, sind mir immer wieder Verbesserungen eingefallen. Hieraus ist auch die Praktikabilität der App erwachsen. Jede Technologie kann sich nur durch die Praxis weiterentwickeln. Daher nutzt es Dir auch nicht viel, wenn Du dieses Buch nur liest. Du musst das gewonnene Wissen praktisch anwenden, um eine Verbesserung zu erreichen. Ich verspreche Dir, dass es sich lohnen wird. Du wirst ein Experte auf dem Gebiet und erreichst Deine Wünsche und Ziele viel schneller.

ICH KENNE JEMANDEN, DER VIELE BÜCHER ZUM THEMA POSITIVES DENKEN UND GEISTIGE ENERGIE GELESEN HAT, DOCH FUNKTIONIERT HAT ES BEI IHM NICHT. WARUM KLAPPT ES NICHT BEI JEDEM?

Einer der häufig begangenen Fehler ist zu glauben, nur weil man ein Sachbuch zu einem bestimmten Thema gelesen hat, beherrsche man die Anwendung. Das kann eintreten, wenn man Erkenntnisse gewonnen hat und unterbewusst denkt: Jetzt habe ich es drauf. Wenn Du ein Buch über Motoren liest und in dem Buch erklärt wird, wie man effektiv einen Motor zerlegt und wieder zusammenbaut, hast Du theoretisches Wissen gewonnen und beim Lesen einiges dazugelernt. Aber letztlich ist das Buch nur ein Hilfsmittel. Du bist kein Experte, nur weil Du ein Buch gelesen hast, und Du wirst auch kein Experte, wenn Du Dein erworbenes Wissen nicht praktisch anwendest.

Mein Freund Bernd hat das Steckenpferd Finanzen und Finanzplanung. Er hat viele Bücher dazu gelesen und Vorträge gehört. Im Theoriewissen ist er ein Experte, der stundenlang Vorträge über Finanzplanung halten könnte. Aber wie sieht seine Praxis aus? Mit dem Wissen, das er hat, und den unzähligen Finanzzeitungen, die er jeden Monat liest, müsste er Millionär sein. Die Wirklichkeit stellt sich leider anders dar; er ist meilenweit davon entfernt, Millionär zu sein. Wahrscheinlich ist ihm nicht bewusst, dass er eine Menge toller Werkzeuge besitzt, die ihm aber nichts nutzen, wenn er sie nicht anwendet. Genauso ist es mit diesem Buch. Es ist ein Werkzeug, um Wissen zu erlangen, und gibt Dir eine Anleitung, wie Du Deine Ziele, Wünsche und Träume schneller erreichst. Du hast Erkenntnisse durch dieses Buch gewonnen. Aber letztlich entscheidest Du mit Deiner täglichen Praxis, ob Du ein Experte wirst und dadurch Deine Ziele erreichst. Genauso entscheidest Du durch das Weiterempfehlen dieser Technik, ob Dein Umfeld seine Ziele ebenfalls schneller erreichen wird.

WIE WICHTIG SIND RITUALE BEIM BESTELLEN?

Rituale – etwa Fingerschnippen, die Bestellungen zu ganz bestimmten Zeiten aufzugeben, sich für die Erfüllung zu bedanken usw. – sind ebenfalls Werkzeuge, um den Glauben zu verstärken oder das Wissen konsequent umzusetzen. Der Energiestrahl wird durch Rituale verstärkt. Außerdem ist das Ritual gleichzeitig eine Bestellung. Ich setze z. B. die Bestellung: „Wenn ich mit dem Finger schnippe, gehen meine bewussten Bestellungen in Erfüllung." Rituale können sicherlich nicht schaden; der entscheidende Punkt ist, dass Du für Dich einen brauchbaren Weg findest, um das Wissen in die Praxis umzusetzen. Schreibe niemandem vor, in welcher Weise sie oder er etwas zu tun hat. Gib der Person das Basiswissen und einen groben Leitfaden. Erzähle ihr, was Deine persönlichen Erfolgsrezepte sind. Die Person wird das eine oder andere ausprobieren und ihren eigenen erfolgreichen Weg finden.

WIE WICHTIG SIND GEFÜHLE BEIM BEWUSSTEN BESTELLEN?

Es gibt den Kopf-Menschen und den Bauch-Menschen. Der Kopf-Mensch versucht, seine Entscheidungen analytisch zu treffen, und der Bauch-Mensch trifft seine Entscheidungen über seine Intuition. Das ideale Setting ist eine Mischung beider Methoden. Ein Beispiel: Peter wurde von Hans betrogen und ist wütend. Jetzt könnte er aus dem Gefühl der Wut heraus die falsche Entscheidung treffen und Hans schlagen. Wut ist ein negatives Gefühl und führt zu negativen Gedanken. Diese entwickeln negative Energie, die ins Universum gesendet wird. In diesem Moment würde rationales Denken – und damit die Herangehensweise des Kopfmenschen – zu einem besseren Ergebnis führen. Wenn Du also in einer positiven Stimmung bist, werden auch Deine Gefühle positiv sein. Dies führt dazu, dass auch Deine Bestellungen positiv sind. Und entsprechend positiv fallen die Ergebnisse aus.

WIE SCHAFFE ICH ES, SCHNELL IN EINE POSITIVE STIMMUNG ZU KOMMEN, UM POSITIVE BEWUSSTE BESTELLUNGEN ABSENDEN ZU KÖNNEN?

Entspanne Dich. Höre Deine Lieblingsmusik. Schau in Dein persönliches Bestell-Logbuch, erfreue Dich an Deinen erfolgreichen Bestellungen und sei dankbar für positive Dinge, die Dir widerfahren sind. Schließe Deine Augen und denke an gestern. Nun stelle Dir folgende Frage immer wieder aufs Neue: „Was war gestern schön, worüber freue ich mich und wofür bin ich dankbar?"

ES KÖNNTEN Z. B. FOLGENDE DINGE SEIN:

- Ich bin dankbar für das schöne Wetter.
- Ich bin dankbar für das tolle Gespräch mit meiner Freundin.
- Ich bin dankbar, dass ich das Problem xy gelöst habe.
- Ich bin dankbar, dass ich eine so tolle Frau/einen so tollen Mann habe.
- Ich bin dankbar, dass ich gestern fröhliche Menschen getroffen habe usw.

Wenn Du das drei Minuten gemacht hast, bist Du wieder in einer positiven Stimmung. Der Nebeneffekt dieser Methode ist, dass wir auch Kleinigkeiten zu schätzen lernen und uns bewusst wird, was für ein tolles Leben wir führen.

Lass uns jetzt zusammen durchstarten und unsere Ziele, Wünsche und Träume durch aktive Bestellungen erreichen. Um Spitzenergebnisse zu erzielen, muss man wie beim Sport trainieren. Daher möchte ich im nächsten Kapitel mit Dir in die Praxis einsteigen. Freie Fahrt voraus!

„DIE WELT MACHT DEM MENSCHEN PLATZ, DER WEISS, WOHIN ER GEHT.

RALPH WALDO EMERSON

*„Der Langsame,
der sein Ziel nicht
aus den Augen
verliert, geht
immer noch
geschwinder,
als der ohne
Ziel umherirrt.“*

— GOTTHOLD EPHRAIM LESSING

LOGBUCH ZUM GLÜCK

START & TRAININGSÜBUNGEN

Kapitel 11

11

Ich hoffe, dass Du mit diesem Buch zufrieden und daher auch motiviert bist, aktiv mit dem Bestellen zu starten. Damit es nicht nur beim Lesen bleibt, möchte ich Dir mit diesem Kapitel helfen, sofort loszulegen und Dein Wissen in die Praxis umzusetzen. Gehe bitte in der vorgegebenen Reihenfolge jede Trainingsübung durch.

TRAININGSÜBUNG 1

IN DIE RICHTIGE STIMMUNG KOMMEN

Schreibe 20 Dinge auf, für die Du dankbar bist. Es können Kleinigkeiten oder große Dinge sein Hauptsache, Du findest mindestens 20 Punkte, für die Du dankbar bist (Beispiele: „Ich bin gesund", „Ich habe eine Arbeit", „Meine Kinder" usw.).

Ich bin dankbar für ....

....

....

Ich bin dankbar für ....

....

....

Ich bin dankbar für ....

....

....

Ich bin dankbar für ....

....

....

Ich bin dankbar für ....

....

....

....

Ich bin dankbar für

Ich bin dankbar für

Ich bin dankbar für

Ich bin dankbar für

Ich bin dankbar für

Ich bin dankbar für

Ich bin dankbar für

Ich bin dankbar für

Ich bin dankbar für

Ich bin dankbar für

Ich bin dankbar für

Ich bin dankbar für

Ich bin dankbar für

Ich bin dankbar für

Ich bin dankbar für

Hast Du 20 Dinge aufgeschrieben, für die Du dankbar bist? Prima! Nun lies diese 20 Punkte bewusst durch. Wie fühlst Du Dich jetzt? Du fühlst Dich, da bin ich sicher, sehr gut. Das ist die Methode, die Du immer durchführen kannst, wenn es Dir nicht gut geht. Zusätzlich lernst Du auch, die Kleinigkeiten im Leben mehr zu schätzen. Mit der App hast Du die Möglichkeit, Dinge aufzuschreiben, für die Du dankbar bist. Wenn Du Dich einmal nicht gut fühlst, liest Du Dir die Punkte einfach durch, das wird Dich wieder aufrichten.

TRAININGSÜBUNG 2

ZIELE, WÜNSCHE UND TRÄUME DEFINIEREN

Schreibe nun 20 Ziele, Wünsche und Träume auf. Es können auch Ziele sein, die Du einmal hattest und aus welchen Gründen auch immer verworfen hast. Es können kleine oder große Ziele sein, die Du aufschreibst (Beispiele: „Spanisch lernen“, „ein neues Auto“, „einen Lebenspartner/eine Lebenspartnerin finden“, „schnelle Genesung für Karl“, „ein Urlaub in der Karibik“ usw.).

Ziel/Wunsch/Traum ....

....

....

Ziel/Wunsch/Traum ....

....

....

Ziel/Wunsch/Traum ....

....

....

Ziel/Wunsch/Traum ....

....

....

Ziel/Wunsch/Traum ....

....

....

Ziel/Wunsch/Traum ....

....

....

....

....

Ziel/Wunsch/Traum

Ziel/Wunsch/Traum

Ziel/Wunsch/Traum

Ziel/Wunsch/Traum

Ziel/Wunsch/Traum

Ziel/Wunsch/Traum

Ziel/Wunsch/Traum

Ziel/Wunsch/Traum

Ziel/Wunsch/Traum

Ziel/Wunsch/Traum

Ziel/Wunsch/Traum

Ziel/Wunsch/Traum

Ziel/Wunsch/Traum

Ziel/Wunsch/Traum

Hast Du 20 Ziele, Wünsche oder Träume aufgeschrieben, die Du erreichen möchtest? Wunderbar, und nun lies diese 20 Ziele durch. Wie fühlst Du Dich jetzt? Ich denke, Du fühlst Dich sehr gut. Als ich das erste Mal versucht habe, 20 Ziele, die ich noch erreichen wollte, aufzuschreiben, fiel mir das nicht leicht. Ich hatte viele meiner Ziele, Wünsche und Träume „vergraben" und war selbst im Alltagsstress gefangen. Das Aufschreiben von Zielen ist eine Methode, um sich zu motivieren und alte Ziele wieder hervorzuholen, die man mit neuem Leben versorgt.

Jetzt hast Du allein durch das Aufschreiben bereits mindestens 20 „grobe" Bestellungen ins Universum gesendet.

TRAININGSÜBUNG 3

VISUALISIERE DEIN ZIEL

Suche Dir aus Deiner Liste ein Ziel heraus,
das Du visualisieren wirst.

Hast Du Dir ein schönes Ziel von Deiner Liste gewählt? Prima, visualisiere es. Gehe ins Internet, suche Bilder zu Deinem Ziel und speichere sie auf Deinem Computer bzw. drucke sie aus. Dann klebst Du sie wie eine Collage auf ein Blatt Papier. Wenn Du keinen Computer hast, nimm ein Blatt Papier und skizziere Dein Ziel auf dieses Blatt. Schreibe Dein Ziel in Worten dazu.

Nun hast Du Deine erste Bestellung bewusst kreiert. Durch die Tätigkeit des Heraussuchens, Aufklebens usw. hast Du sie mit geistiger Energie versorgt. Das hilft Dir, Deine Ziele, Wünsche und Träume schneller zu erreichen.

TRAININGSÜBUNG 4

FORMULIERE EINE BESTELLUNG UND TRAGE SIE IN DEIN LOGBUCH EIN

1. Schreibe eine kleine Bestellung auf und trage sie in Dein Logbuch ein. Nimm etwas, das Dir gerade durch den Kopf geht. Schreibe auf ein Blatt Papier, bevor Du die Bestellung in Dein Logbuch einträgst.
   Folgende Dinge sollte die Bestellung enthalten:

   WAS? — WANN? — WIE? — WO?

   Beispiel: „Morgen werde ich pünktlich um 17 Uhr Feierabend haben und mit Klaus einen tollen Kinoabend verbringen."

2. Nun schaust Du Dir an, ob Deine Bestellung positiv formuliert ist.

3. Jetzt durchlebst Du die Bestellung, als wäre sie bereits geschehen. Stelle Dir vor, wie es sein wird, wenn die Bestellung in Erfüllung gegangen ist.

4. Nachdem Du Dir die Bestellung geistig vorgestellt hast, prüfe, ob Du Zweifel hegst, dass sie in Erfüllung geht. Wenn ja, konfrontiere die Zweifel und überlege Dir eine Lösung, um die Zweifel und daraus resultierende Gegenabsichten zu beseitigen.

5. Wenn Du ein gutes Gefühl bei Deiner Bestellung hast, trage sie in Dein Logbuch ein.

   - Für welche Person ist die Bestellung?
   - Bis wann soll die Bestellung in Erfüllung gehen?
   - Was wurde bestellt?

⚙ **Was wurde genau bestellt?** ***(hier Deine vollständige Bestellung im Detail eintragen)***

6 Lies Dir Deine Bestellung noch einmal im Detail durch und sende sie ins Universum. Achte darauf, dass Du ein gutes Gefühl hast.
Das, was Du in dieser Trainingsübung gemacht hast, war eine Bestellung im idealen Setting. Perfekt zu bestellen kostet am Anfang etwas Zeit. Wenn Du es aber öfter gemacht hast, geht es schneller.

In der Praxis sendest Du später Bestellungen ab, ohne sie vorher ins Logbuch eingetragen zu haben. Die wichtigen Bestellungen würde ich aber in jedem Fall nachtragen, damit sie immer wieder mit neuer geistiger Energie versorgt werden.

Zum Abschluss möchte ich Dir gratulieren. Du hast die ersten Schritte unternommen, um Dein Leben bewusst zu verbessern. Nutze das Senden von Bestellungen als ein Werkzeug, um Deine Ziele, Wünsche und Träume schneller zu erreichen. Denke daran, dass nur Du Deine Grenzen setzt. Mit einer positiven Grundeinstellung und bewussten Bestellungen kannst Du ALLES erreichen.

Du bist der Kapitän. Du entscheidest, wo die Reise hingeht. Steuere in eine erfolgreiche und glückliche Zukunft!
Auf den nächsten Seiten möchte ich mich bei einigen Menschen bedanken und zusätzlich noch etwas Gutes tun.

HIER IST PLATZ FÜR DEINE NOTIZEN

HIER IST PLATZ FÜR DEINE NOTIZEN

HIER IST PLATZ FÜR DEINE NOTIZEN

HIER IST PLATZ FÜR DEINE NOTIZEN

HIER IST PLATZ FÜR DEINE NOTIZEN

HIER IST PLATZ FÜR DEINE NOTIZEN

HIER IST PLATZ FÜR DEINE NOTIZEN

„Wenn Du ein Schiff bauen willst, dann trommle nicht Männer zusammen, um Holz zu beschaffen, sondern lehre Sie die Sehnsucht nach dem weiten, endlosen Meer.“

— ANTOINE DE ST.-EXUPÉRY

LOGBUCH ZUM GLÜCK

EMPFEHLUNGEN

Kapitel 12

12

Das Wissen und die Methoden in diesem Buch sind nicht von mir erfunden oder entdeckt worden. Es gibt viele Menschen auf dieser Welt, die dieses Wissen ebenfalls besitzen, und zahlreiche Autoren haben über die Themen geistige Energie, Kraft der Gedanken, Anziehungskräfte, Bestellungen ans Universum, Postulate und welchen Begriff auch immer sie dafür verwendet haben, geschrieben. Deshalb möchte ich jedes Buch zu den vorgenannten Themen empfehlen. Ich habe in diesem Buch lediglich meine Erfahrungen, Beobachtungen, Schlussfolgerungen und Ergebnisse niedergeschrieben und hoffe, Dir damit zu helfen.

Ich möchte mich bei den vielen Menschen bedanken, die ich zu diesem Thema befragen durfte, die mir ihre Erlebnisse geschildert haben und die mit mir das Logbuch entwickelt und getestet haben.

Ferner möchte ich mich ganz besonders bei einem Mentor und guten Freund, Alex Fischer aus Düsseldorf, bedanken. Durch ihn und sein Buch, habe ich so viele Werkzeuge fürs Leben bekommen, dass dieses sich radikal geändert hat. Er hat ein Buch geschrieben, wo er dem Leser die übergeordneten Daten bzw. Naturgesetze zu z.B. wie man seine wahre Berufung findet, was Geld wirklich ist und wie es funktioniert, dass man sich ein Geldmagneten erschafft (Das Gesetz der Anziehung) oder wie man ganz einfach ein glückliches Leben führen kann, vermittelt. Eigentlich ist dieses Buch ein Lebensratgeber, dass die übergeordneten Naturgesetze simpel mit tollen Beispielen beschreibt. Alex führt anhand seines eigenen Business (Immobilien) aus, wie man relativ zügig sehr wohlhabend werden kann. Wenn Du Dich neben den aktiven Bestellungen, noch schneller weiter entwickeln möchtest, gehe auf die Seite www.alex-fischer-duesseldorf.de. Sein Buch und Video-Kurse, werden Dir u.a. in Bezug auf Finanzen oder Immobilien helfen.

Dieses Buch habe ich aus der Praxis heraus geschrieben, als Anleitung zum schnelleren Erreichen und Verwirklichen von Zielen, Wünschen und Träumen. Die beschriebenen Methoden führen nur durch die regelmäßige Anwendung in der Praxis zum gewünschten Ergebnis. Deshalb ist das Logbuch ein gutes Werkzeug, um auf Dauer Erfolg zu haben.

Ferner ist mir in der Praxis klar geworden, dass man vielen Menschen helfen sollte, dieses Wissen anzuwenden, damit sie ihre positive Einstellung zum Leben festigen und es auch ihnen gelingt, ihre Ziele zu verwirklichen. Es ist enorm, wie sich das Leben verändert, wenn man in seinem Umfeld positive Menschen hat, die wissen, wie man mit geistiger Energie alles erreichen kann. Daher möchte ich Dich an dieser Stelle noch einmal bitten, Dein Wissen und Deine Erfahrungen weiterzugeben. Du hast vielleicht Menschen in Deinem Umfeld, denen es zurzeit nicht so gut geht und die positive Impulse benötigen. Vielleicht kennst Du auch Menschen, die positiv und fleißig sind, aber nicht von der Stelle kommen.
Mit diesem Buch möchte ich zusätzlich Kinder unterstützen. Kinder sind unsere Zukunft, und daher liegt es auch in unserer Verantwortung, dass wir sie unterstützen. Von jedem verkauften Buch geht ein Euro an gemeinnützige Organisationen wie die SOS-Kinderdörfer, Die Arche, Kinder in Not und vergleichbare Hilfsprojekte.

Ich würde mich freuen, von Dir Feedback zu erhalten. Schreib mir von Deinen Erfahrungen. Mit Deinem Einverständnis würde ich sie in mein nächstes Buch einfließen lassen. Dein Beispiel kann andere Menschen davon überzeugen, wie gut bewusste Bestellungen funktionieren und wie sie ihr Leben verbessern.

Vielen Dank, dass Du dieses Buch gelesen hast; ich hoffe, dass es Dir hilft. Viel Spaß bei Deinen Bestellungen, genieße die schnellere Realisierung Deiner Wünsche.

Dein Thorsten

PS: Wenn Du weitere Fragen oder Anregungen hast, kannst Du mir gerne an die untenstehende Adresse schreiben:

thorsten@DasLogbuch.com